推进数智赋能
提升引领实效

2023年全国职工思想政治引领创新案例汇编

中华全国总工会宣传教育部◎编

中国工人出版社

图书在版编目（CIP）数据

推进数智赋能　提升引领实效：2023 年全国职工思想政治引领创新案例汇编 / 中华全国总工会宣传教育部编 . —北京：中国工人出版社，2024.1
ISBN 978-7-5008-8433-0

Ⅰ . ①推…　Ⅱ . ①中…　Ⅲ . ①职工－思想政治教育－案例－中国
Ⅳ . ① D412.62

中国国家版本馆 CIP 数据核字（2024）第 042727 号

推进数智赋能　提升引领实效：2023年全国职工思想政治引领创新案例汇编

出 版 人	董　宽
责任编辑	李若昕
责任校对	张　彦
责任印制	栾征宇
出版发行	中国工人出版社
地　　址	北京市东城区鼓楼外大街45号　邮编：100120
网　　址	http://www.wp-china.com
电　　话	（010）62005043（总编室）　（010）62005039（印制管理中心） （010）62382916（工会与劳动关系分社）
发行热线	（010）82029051　62383056
经　　销	各地书店
印　　刷	北京市密东印刷有限公司
开　　本	660毫米×960毫米　1/16
印　　张	10.25
字　　数	102千字
版　　次	2024年3月第1版　2024年3月第1次印刷
定　　价	38.00元

前　言

习近平总书记指出，引导职工群众听党话、跟党走，巩固党执政的阶级基础和群众基础，是工会组织的政治责任。深入细致地做好职工思想政治工作，是工会的优良传统。党的十八大以来，各级工会贯彻落实习近平总书记的重要指示精神，加强和改进职工思想政治工作，突出针对性、实效性，注重方法手段多样化，在理论武装、典型引领、品牌建设、平台打造、职工文化等方面取得了积极的创新发展。

2023 年 3 月，全国总工会开展全国职工思想政治引领创新案例征集展示活动，组织动员各级工会认真总结、推荐报送职工认可、效果明显的创新做法。本次征集共收到 42 个省级工会和全国产业工会报送的职工思想政治引领创新案例 129 个。这些案例涵盖劳模工匠宣讲、发挥文化阵地作用、网上引领、用好红色工运资源、阅读诵读、职工文化等各个方面，既有覆盖全省、全产业的“上下联动”式案例，又有企事业单位的“小切口、大主题”案例，充分展示了加强和改进职工思想政治工作取得的创新成果。

全国总工会坚持正确政治方向，突出工会政治责任，充分考虑示范引领作用和可推广性，严格、细致地审核各单位报送的创新案例，坚持好中选优，提出了全国职工思想政治引领11个经典案例和11个优秀案例。经典案例的遴选侧重于在省（区、市）行政区划范围内广泛推行的经验做法，优秀案例的遴选侧重于企业工会的经验做法。

22个创新案例均是来自各级工会组织施行多年、成效明显的鲜活实践，特别是围绕职工思想政治引领中的重点、热点、难点，针对产业工人、新就业形态劳动者、青年职工、农民工等不同群体，因地、因人、因事、因时制宜，始终坚持解决思想问题与解决实际问题相结合，具有较强的针对性、实效性以及较强的示范作用和推广价值。

作为学习贯彻中国工会十八大精神的重要举措，全国总工会于2023年12月印发通报，公布全国职工思想政治引领11个经典案例和11个优秀案例。

创新案例的具体做法本次由中国工人出版社结集出版，真诚希望能够为广大工会组织和企事业单位开展职工思想政治工作提供有益参考，以充分发挥创新案例的示范带动作用，落实工会工作“服务化、体系化、品牌化、创新化、数智化”要求，大力实施职工群众思想政治引领建设工程，更加扎实地推进新时代职工思想政治工作创新发展，更好地强信心、聚民心、暖人心，使广大职工在理想信念、价值理念、道德观念上紧紧团结在一起，为强国建设，民族复兴作出新的更大贡献。

目　录

关于 2023 年全国职工思想政治引领经典案例和优秀案例的通报　1

经典案例篇

河北省总工会：
聚力建设劳动公园　打造思想引领新地标　9

辽宁省总工会：
深度挖掘宣传辽宁红色工运资源　引导职工坚定不移听党话感党恩跟党走　16

黑龙江省总工会：
打造“万名职工思想政治引领骨干”培训工程　当好忠诚党的事业的引路人　24

上海市总工会：
打造“中国梦·劳动美——人民城市 奋斗有我”
　上海职工直播课堂　30

江苏省总工会：
劳模工匠进校园　思政教师进企业　36

浙江省总工会：
创新开展“守好红色根脉·班前十分钟活动”　43

安徽省总工会：
建设职工文明实践中心　传播新思想弘扬时代新风　50

福建省总工会：
依托工会驿站“小空间”　做好职工思想政治引领“大文章”　56

湖北省总工会：
为“三个精神”立法　在全社会营造崇尚劳动、
　尊重劳模工匠的浓厚氛围　63

四川省总工会：
坚持提升“四度”　推动党的创新理论
　宣传宣讲“飞入寻常百姓家”　70

陕西省总工会：
持续开展“三忆”教育活动　着力打造职工思想政治引领新模式 76

优秀案例篇

中国兵器内蒙古第一机械集团有限公司：
创建“333 工作法”　奏响新时代产业工人永远跟党走主旋律 85

中国第一汽车集团有限公司：
数智赋能职工美好生活需要　凝聚起打造世界一流汽车企业的强大力量 92

大庆油田有限责任公司：
开展全员“云讲述”　弘扬严实硬作风 100

郑州圆方集团：
宣传党的创新理论　引领职工同心奋斗 105

甘肃公航旅建设集团有限公司：
积极发挥职工书屋阵地作用　打造职工精神文化家园 111

中国铁路济南局集团有限公司青岛机务段：
推进职工“安身铁路、安家青机、安心运输”工程 117

中远海运船员管理有限公司：
“红蓝共建”聚合力　积极助推“双一流” 123

中国一拖集团有限公司：
发挥“幸福 10 号”平台作用　创新开展职工思想政治工作 129

顺丰集团：
着力打造思想政治引领新路径　引导非公快递职工听党话、跟党走 136

京东集团：
聚焦办实事解难题开展“捂心”专项　用心用情用力保障新业态劳动者权益 142

山东德百集团：
强化党工共建 打造“红色商校”　凝聚广大职工干事创业合力 148

后　记 154

关于 2023 年全国职工思想政治引领经典案例和优秀案例的通报

为深入学习宣传贯彻中国工会十八大精神，全国总工会组织征集全国职工思想政治引领创新案例，充分展示各级工会加强和改进职工思想政治工作取得的创新成果，现通报 2023 年全国职工思想政治引领经典案例 11 个、优秀案例 11 个，希望各单位发挥典型案例示范带动作用，加强经验交流，促进学习互鉴，落实工会工作“服务化、体系化、品牌化、创新化、数智化”要求，强化职工思想政治引领，唱响“咱们工人有力量”的时代强音，团结引导广大职工坚定不移听党话、跟党走。

附件：1. 全国职工思想政治引领经典案例名单

2. 全国职工思想政治引领优秀案例名单

附件1

全国职工思想政治引领经典案例名单

（11个）

1. 河北省总工会：聚力建设劳动公园 打造思想引领新地标

2. 辽宁省总工会：深度挖掘宣传辽宁红色工运资源 引导职工坚定不移听党话感党恩跟党走

3. 黑龙江省总工会：打造“万名职工思想政治引领骨干”培训工程 当好忠诚党的事业的引路人

4. 上海市总工会：打造“中国梦·劳动美——人民城市 奋斗有我”上海职工直播课堂

5. 江苏省总工会：劳模工匠进校园 思政教师进企业

6. 浙江省总工会：创新开展“守好红色根脉·班前十分钟活动”

7. 安徽省总工会：建设职工文明实践中心 传播新思想弘扬时代新风

8. 福建省总工会：依托工会驿站“小空间”做好职工思想政治引领“大文章”

9. 湖北省总工会：为“三个精神”立法 在全社会营造崇尚劳动、尊重劳模工匠的浓厚氛围

10. 四川省总工会：坚持提升“四度”推动党的创新理论宣传宣讲“飞入寻常百姓家”

11. 陕西省总工会：持续开展“三忆”教育活动 着力打造职工思想政治引领新模式

附件2

全国职工思想政治引领优秀案例名单

（11个）

1. 中国兵器内蒙古第一机械集团有限公司：创建“333工作法”奏响新时代产业工人永远跟党走主旋律

2. 中国第一汽车集团有限公司：数智赋能职工美好生活需要 凝聚起打造世界一流汽车企业的强大力量

3. 大庆油田有限责任公司：开展全员“云讲述”弘扬严实硬作风

4. 郑州圆方集团：宣传党的创新理论 引领职工同心奋斗

5. 甘肃公航旅建设集团有限公司：积极发挥职工书屋阵地作用 打造职工精神文化家园

6. 中国铁路济南局集团有限公司青岛机务段：推进职工“安身铁路、安家青机、安心运输”工程

7. 中远海运船员管理有限公司：“红蓝共建”聚合力 积极助推“双一流”

8. 中国一拖集团有限公司：发挥“幸福10号”平台作用 创新开展职工思想政治工作

9. 顺丰集团：着力打造思想政治引领新路径 引导非公快

递职工听党话、跟党走

10. 京东集团 ：聚焦办实事解难题开展“捂心”专项 用心用情用力保障新业态劳动者权益

11. 山东德百集团：强化党工共建 打造“红色商校”凝聚广大职工干事创业合力

经典案例篇

河北省总工会：

聚力建设劳动公园
打造思想引领新地标

扫一扫，观看案例视频

一、基本情况

为深入学习宣传贯彻习近平总书记关于工人阶级和工会工作的重要论述，进一步在全社会大力弘扬劳模精神、劳动精神、工匠精神，河北省总工会顺应时代发展，贴近职工需求，笃行工会职责，主动改革创新，在全国率先创造性地开展了劳动主题公园（广场）建设工作，打造引领服务职工的新阵地。自 2019 年启动以来，全省已累计投入资金 17560 万元，建成命名市、县劳动公园 188 个，实现了对全省 178 个市、县全覆盖。

河北各地在推动劳动公园建设中，注重对党的创新理论的宣传，注重对“三个精神”的弘扬，注重对工会工作的宣传，并充分挖掘当地劳动文化和劳模事迹，打造了以石家庄“绵右渠精神”浮雕、承德市“塞罕坝精神”主题雕塑、张家口冬奥冰雪主题雕塑、唐山市“特别能战斗”人物群、廊坊市“劳动赞歌”浮雕、邢台市吕玉兰主题雕塑等为代表的一大批特色劳动文化、劳模形象景观，受到各地职工群众的追捧，许多公园成为群众喜爱的“网红打卡地”、城市文化新地标。

在5年的建设时间里，河北省各级工会始终将劳动公园建设摆在重要位置，加强领导和统筹规划，持续用力、久久为功，以高标准、严要求打造精品工程、民心工程，劳动公园建设工作取得重要成效，组织领导不断加强、制度机制日趋完善、数量规模不断扩大、建设水平日益提高、“工”字品牌特色突出、全社会劳动氛围日益浓厚。

二、准确命名

聚力建设劳动公园　打造思想引领新地标

三、主要做法

（一）加强领导统筹，全力争取党政支持，稳步推进劳动公园规划建设。加强领导、党政支持是做好劳动公园建设工作的重要保证。一是争取党政支持。河北省总工会将劳动公园建设列入2021年省政府与省总工会联席会议议题专题研究，明确“将劳动公园建设纳入各级政府公园建设和改造的规划中予以安排部署，有条件的市、县政府给予劳动公园建设适当资金支持”，并将会议纪要下发各市政府，为全省劳动公园建设提供了有力的政策和资金保障。石家庄市总工会向市委提交了专题报告，省委常委、石家庄市委书记张超超就劳动公园建设作出批示，石家庄市率先在全省实现县（市、区）劳动公园全覆盖。秦皇岛、唐山、邢台、邯郸等市积极推动劳动公园列入当地“为民办实事”工程、“民生工程”，或列入年度工会与政府联席会议议题专题研究，形成了党委领导，政府规划，城建、市政、园林等部门参与，工会负责落实的劳动公园建设推进机制。二是加强统筹协调。对内，加强工会各部门间的合作配合，促进劳动公园与思想引领、劳动竞赛、技能培训、维权服务等工会各项业务工作的深度融合，共同管好用好新阵地，为工会工作增添新活力；对外，加强工会与规划、住建、城管、园林、行政审批等多部门的联系沟通，推动形成上下联动、左右协同的良好工作格局。三是工会倾力推动。多次召开劳动公园建设推进会，举办观摩活动、培训班。省总工会主要领导高度重视，多次专题研究、实地调研，明确任务、厘清思路、强化举措，持续推动劳动公园建设工作取得新进展。

（二）明确建设要求，注重丰富内涵，切实提升劳动公园建设质量和水平。一是注重政治属性。劳动公园以宣传习近平总书记关于工人阶级和工会工作的重要论述为主线，以弘扬新时代劳模精神、劳动精神、工匠精神为主要内容，以工人、工会、工业为主要元素，把教育、活动、工作三大功能作为劳动公园谋划选址的主要依据，把高水平设计作为提升内涵品质的重要保障，确保政治方向正确。二是深挖劳动文化价值。挖掘总结当地工业企业、重大工程建设中涌现出的劳模工匠、劳动内涵和价值，通过具象的方式展现具有当地特色的劳动文化，如井陉县劳动公园浮雕展现了具有本地特色的绵右渠精神令人印象深刻，平乡县打造的以自行车产业为主题的雕塑也很好地体现了地方特色。三是加强劳动公园的文创设计。在标识雕塑、景观建设、绿植造型、文化长廊的设计、建设过程中突出以劳动为核心的创意元素，推进劳动与文化、科技、生态、旅游等深度融合，增加互动性的劳动元素，提升劳动公园的吸引力和参与性。四是做好内容审核把关。省总工会对各地劳动公园建设方案和内容进行统一审核，尤其对主题思想、文字内容等严格审核，将资金重点用于劳动元素的景观制作，不贪大求全、不贪大求奢，避免出现资金浪费现象，高标准、严要求打造民心工程、精品工程。

（三）健全制度机制，加强日常管理维护，保障劳动公园健康长足发展。一是制定出台各类制度性文件。先后制定下发了《河北省劳动公园建设管理办法（试行）》《关于对市县劳动公园设计方案进行审核的通知》《河北省总工会关于支持市、县（市、区）工运史展馆和劳动公园（广场）建设的补助办法（暂行）》等文件，建立健全劳动公园建设、使用、管理、维护等各项制度，不断提高公园建设的规范化、科学化、制度化水平，有力指导各地推进工作。依据河北省总工会劳动公园建设补助办法，各市总工会也出台了相应补助办法，相关补助资金可以较大程度解决市县总工会的建设资金问题，采取建成一批、申报一批、补助一批的方式来下拨补助资金，省总工会累计补助资金 2891 万元。河北省总工会又联合省住房和城乡建设厅开展了河北省“最美劳动公园”选树，命名了 11 家最美劳动公园，旨在通过典型引路、典型带动，进一步带动提高各地劳动公园建设管理水平，促进劳动公园高质量发展。二是做好劳动元素设施巡查养护等工作。县级工会建立劳动公园定期巡查机制，对劳动元素设施登记造册，加强维护，并进行定期巡查，及时发现问题，及时修补更换，保持环境优美、设施完善、功能齐备，不断提升公园的文化品质，助力职工思想引领工作在深度、广度、力度上提质增效。三是明确工会与城管、园林等公园主管部门之间的责任。部分市县采取同园林绿化主管部门签订协议或责任书明确彼此权利与责任，劳动公园建成后的绿化美化、环境整治、公共设施养护等工作一般由市政、园林、城管等公园管理部门负责，劳动景观的维护、调整、更新由工会负责，携手加强劳动公园的管理和保护，促进公园事业发展。

（四）发挥功能作用，扩大宣传效果，打造更具魅力的职工宣传教育阵地。建设劳动公园，建好是基础、管好是保障、用好是目的。伴随着各地劳动公园的陆续建成开放，各级工会注重充分发挥其教育、活动、工作三大功能作用。一是开展形式多样的文体活动。邀请劳模、工匠人才定期到劳动公园开展政策宣讲、技能展示、技能培训、公益服务等活动；不同时间节点持续开展职工诵读、文艺会演、志愿服务及职工健步走、广场舞等深受职工群众欢迎的文体活动；组织各类科学普及活动、社会主义核心价值观宣传活动，探索开展劳动体验活动……一大批建成开放的劳动公园，打造了新的工会工作品牌，成为职工思想政治引领的“大课堂”，传承“三个精神”的主阵地，职工文化活动的“大舞台”，青少年劳动教育课的“实践场”。二是扩大宣传效果。利用微信、报刊、户外宣传等融媒体宣传形式，加大对公园宣传报道的频率和力度，对公园环境以及职工活动通过视频、图文等形式进行多层面展现、多角度宣传，不断提升各地劳动公园的知名度和影响力。三是制作河北省劳动公园云地图，让广大职工群众通过云端观看劳动公园实景，尽享云游劳动公园乐趣。鼓励具有独特劳动文化特色的地区依托劳动公园打造系列劳动文化创意产品，进一步增强劳动公园多样化、社会化宣传推广力度。

四、工作启示

（一）劳动公园建设要始终坚持贯彻落实全心全意依靠工人阶级的根本方针。通过建设劳动公园，全面展现我们党领导和依靠工人阶级、发挥职工群众主力军作用这一主要内容，引导群众对劳动的尊重、对工人阶级社会地位的尊重、对工人阶级所作贡献的认可，更加坚定不移听党话、跟党走。

（二）劳动公园建设要注重对劳模精神、劳动精神、工匠精神的弘扬。劳动公园是培育崇尚劳动、尊重劳动价值理念的有效载体，是讲好劳模故事、讲好劳动故事、讲好工匠故事的重要场所，要把“三个精神”的宣传体现在公园建设的方方面面，让职工群众不断受到教育、不断强化教育，形成强大的社会正能量。

（三）劳动公园建设要加强功能作用的发挥。建好管好劳动公园，是为了进一步加强对公园的使用和作用的发挥，通过有计划地谋划部署各类活动，充分发挥劳动公园的教育、活动和工作功能，不断提升劳动公园吸引力和影响力，将劳动公园的品牌效应、社会效益最大化，更好地引领和带动广大职工奋进新时代、建功新征程。

辽宁省总工会：

深度挖掘宣传辽宁红色工运资源
引导职工坚定不移听党话感党恩跟党走

扫一扫，观看案例视频

一、基本情况

党的十八大以来，习近平总书记高度重视红色资源的保护利用工作，反复强调要用心用情用力保护好、管理好、运用好红色资源、传承好红色基因。党的二十大报告明确要求用好红色资源。辽宁省总工会深入学习宣传贯彻落实党的二十大精神和习近平文化思想，认真贯彻落实习近平总书记关于传承红色基因、弘扬革命精神的重要论述，贯彻落实习近平总书记关于东北、辽宁振兴发展重要讲话和重要指示批示精神，特别是在新时代推动东北全面振兴座谈会上的重要讲话精神，认真贯彻落实《关于新时代加强和改进思想政治工作的意见》，在全国总工会和中共辽宁省委的坚强领导下，聚焦辽宁全面振兴新突破三年行动，结合在全省工会系统开展“学思想、当先锋、建新功”系列活动，万名工会干部“走进职工群众家里、走进职工群众群里、走进职工群众心里”维护职工合法权益、竭诚服务职工群众专项行动，“讲诚信、懂规矩、守纪律”教育活动，不断创新强化职工思想政治引领的内容和方式，深度挖掘宣传“六地”和辽宁红色工运资源的丰富内涵和时代价值，传承红色基因，赓续精神血脉，引导职工群众坚定不移听党话感党恩跟党走，积极投身实施辽宁全面振兴新突破伟大实践。

二、准确命名

深度挖掘宣传辽宁红色工运资源　引导职工坚定不移听党话感党恩跟党走

三、主要做法

（一）系统挖掘宣传辽宁红色工运资源，生动传播辽宁“六地”红色文化。中国工运史是中共党史的重要组成部分，辽宁具有丰富的党史资源和红色工运资源，是抗日战争起始地、新中国国歌素材地、抗美援朝出征地、解放战争转折地、共和国工业奠基地、雷锋精神发祥地，在党领导下孕育形成了辽宁独有的红色工运文化。1931 年 9 月 19 日，中共满洲省委在沈阳发出了《中共满洲省委为日本帝国主义武装占领满洲宣言》，这是中国人民抗日战争期间发布的第一个抗日宣言，也是世界反法西斯战争期间发表的第一个反法西斯战争宣言。刘少奇同志领导组织“花红”斗争。在抗美援朝战争中，为支援前线，当时的沈阳重型机器厂仅用 19 天就完成 10 万把军镐的生产任务。作为共和国工业长子，辽宁工人阶级创造了 1000 余项“共和国第一”，辽宁诞生了新中国第一枚金属国徽，也是第一艘国产航母起航的地方，鞍钢流出了新中国第一炉铁水。为深度挖掘辽宁丰富的红色工运资源，辽宁省总工会全面启动辽宁工运文物史料的收集整理工作，整理出版《辽宁百年工运史大纲》，带动各市级工会、省产业工会同步编撰整理工运史志系列丛书，收集史料 3000 多万字，图片 10000 多幅，实物展陈 2000 余件，全景式记录和展示辽宁工人阶级在中国共产党领导下不断发展壮大、走过波澜壮阔的百年奋斗历程。

（二）联合命名职工思想政治教育基地，打造强化职工思想政治引领新平台。大力弘扬以伟大建党精神为源头的中国共产党人精神谱系，加强红色工运资源的保护挖掘和宣传利用，倾力打造强化职工思想政治教育的新平台。与中共辽宁省委宣传部联合制定出台《辽宁省职工思想政治教育基地命名管理办法（试行）》，按照“一市一基地”原则，联合命名沈阳“九·一八”历史博物馆、中共满洲省委旧址纪念馆、抚顺市雷锋纪念馆、抗美援朝纪念馆、辽沈战役纪念馆等 20 家爱国主义教育基地为辽宁省职工思想政治教育基地，每个命名基地给予一次性补助资金 100 万元，用于文物史料的征集、挖掘、整理，丰富展陈内容，开展职工思想政治教育活动。充分发挥全国职工爱国主义教育基地和辽宁省职工思想政治教育基地红色工运资源的平台功能和教育作用，积极组织开展爱国主义教育、集体主义教育、社会主义教育，持续深化“四史”宣传教育和党领导下的百年工运史教育，以“咱们工人有力量”为题，相继举办“辽宁地区解放前工人运动”网上巡展、“东北解放战争工人阶级历史贡献”专题展览、“安东市工人阶级抗美援朝运动”专题展览等活动，420余万名职工打卡红色工运地标，持续深化“中国梦·劳动美”系列群众性主题宣传教育活动，精心设计活动载体，用好用活红色工运资源，推动理想信念教育常态化制度化，引导各级工会干部和广大职工群众继承光荣传统、赓续红色血脉，从“六地”和辽宁丰富红色工运资源中汲取奋进力量。

（三）创新职工思想政治引领的内容和方式，生动鲜活讲好党的故事、革命的故事、英雄的故事、辽宁红色工运故事。深入贯彻落实习近平总书记在辽宁考察时“要讲好党的故事、革命的故事、英雄的故事，把红色基因传承下去”重要指示精神，在辽宁工会系统广泛组织开展辽宁“六地”学习宣传教育活动，积极推进20家职工思想政治引领教育基地建设红色工运资源网上VR展馆，组织开展辽宁百集红色工运故事线上展播活动，生动传播红色工运文化；立足真实历史，对工业题材主流电影进行主题挖掘和艺术创作，以老英雄“孟泰”以及鞍钢恢复生产后流出新中国第一炉铁水为故事背景，与省委宣传部、鞍钢集团等单位联合摄制工业题材电影《钢铁意志》，再现新中国钢铁工业发展历程，被中宣部选定为迎接党的二十大两部重点影片之一，职工观影人数突破280万人次；结合纪念毛泽东等老一辈革命家为雷锋同志题词六十周年，同省委宣传部等单位联合主办《永恒的雷锋——辽宁省纪念毛泽东等老一辈革命家为雷锋同志题词六十周年专题节目》，辽宁卫视节目播出后，当日浏览量突破1亿人次。以辽宁丰厚红色工运资源为依托，与辽宁广播电视台联合摄制播出“百年党史 百年工运”25集系列电视纪录片《力量》，系统挖掘宣传在中国共产党领导下辽宁百年工运走过的闪光历程，真实展现辽宁工人阶级用智慧和汗水谱写“中国梦·劳动美”辽宁篇章的奋斗之旅，打造电视版“辽宁工运史纲”。《力量》节目自开播以来，职工线上总收看人数达到4100万人次，获评辽宁省第十六届精神文明建设“五个一工程”优秀作品奖，被辽宁省档案馆作为视频档案永久收藏。

（四）构建工会媒体宣传矩阵，讲好劳模故事、劳动故事、工匠故事、辽宁工人阶级奋斗故事。结合开展党领导下的百年工运史宣传教育，相继在人民网辽宁频道、《辽宁工人报》、《当代工人》杂志、辽宁省总工会微信公众号等媒体平台开设“寻找红色工运足迹”“辽宁工运史话”“辽宁省职工思想政治教育基地寻访”等专题专栏专页，以全新视角深度挖掘宣传杨靖宇、赵一曼等先烈们组织领导东北工人运动的故事；系统挖掘宣传雷锋在鞍钢工作423天以及焦裕禄在大连起重机器厂工作630天光荣与激情的奋斗岁月；重温了罗阳、七六〇所等辽宁英模及群体的典型事迹；回顾了马恒昌首倡开展爱国主义劳动竞赛以及辽宁工人阶级支援“三线建设”的长子情怀与忠诚担当；讲述了爱厂如家、艰苦创业的“老英雄”孟泰，走在时间前面的王崇伦，“毛主席的好工人”尉凤英，新中国第一个女火车司机田桂英，“中国头孢第一人”安静娴，“中国机器人之父”蒋新松，沈飞“罗阳青年突击队”，中国航发黎明发动机装配厂“李志强班”，大国工匠洪家光、陈兆海等劳模工匠的感人故事。以雷锋生前第一张100元定期存单为蓝本，挖掘宣传了工商银行抚顺雷锋支行设立“雷锋基金”，存续“雷锋存折”，60余年传承雷锋精神的典型事迹，获评第八批全国学雷锋活动示范点，《人民日报》以“传递好雷锋精神的火种”为题进行专题报道。在中国工会十八大召开期间，全国劳模、产业工人代表鞍钢李超专访在央视《新闻联播》播出，被中国共产党新闻网刊发。新业态劳动者代表阜新快递小哥王哲励志视频在中工网播出，热度突破1300万，荣登快手当地热榜第一名，创新媒体传播手段，构建媒体宣传矩阵，挖掘宣传辽宁先进典型，大力弘扬劳模精神、劳动精神、工匠精神，引导职工崇德向善、见贤思齐、争当先锋，在推进中国式现代化辽宁实践中更好发挥主力军作用，为打好打赢新时代东北振兴、辽宁振兴的“辽沈战役”贡献力量。

四、工作启示

（一）传承红色基因在“用”上做实功。工会组织是党领导下工人阶级的群众组织，更是政治组织，肩负着引导职工坚定不移听党话、跟党走的政治责任。强化职工思想政治引领，必须坚持不懈用习近平新时代中国特色社会主义思想凝心铸魂，推动一切工作都要主动自觉从习近平新时代中国特色社会主义思想中找方向、找方法、找思路、找遵循。认真贯彻落实习近平文化思想特别是习近平总书记关于传承红色基因、弘扬革命精神的重要论述，把传承红色基因与生动传播红色工运文化有机结合起来，与深化爱国主义教育、强化职工理想信念教育结合起来，在用好用活红色资源上下功夫，不断增进职工群众对习近平新时代中国特色社会主义思想的政治认同、思想认同、理论认同、情感认同，打牢职工团结奋斗的共同思想基础，引导激励广大职工学思想、当先锋、建新功，重振辽宁工人雄风。

（二）挖掘红色资源在“深”上找路径。红色资源是我们党艰辛而辉煌奋斗历程的见证，是最宝贵的精神财富。党领导的百年工运史留下了丰富厚重的红色工运资源，铭刻着中国工运的光辉历程，蕴含着宝贵的精神财富，是加强新时代职工思想政治引领的鲜活教材。辽宁是共和国工业长子，具有丰富的党史资源和红色工运资源，这些资源是激励辽宁职工继往开来、团结奋斗的强大动力。新时代新征程，必须加强红色工运资源的保护挖掘和宣传利用，深入挖掘好、研究好、阐释好、展示好红色工运资源所蕴含的丰富内涵和时代价值，让职工思想政治引领更有深度、更有温度、更具实效。

（三）讲好红色故事在“活”上求创新。工人阶级在长期实践中培育形成的劳模精神、劳动精神、工匠精神，是民族精神和时代精神的生动体现，是中国共产党人精神谱系的重要组成部分。以全国职工爱国主义教育基地、辽宁省职工思想政治教育基地等红色工运资源为依托，运用全媒体手段，发挥红色工运资源优势，多媒体、多形式、多平台，鲜活立体讲好劳模故事、劳动故事、工匠故事、辽宁工人阶级的奋斗故事，传承红色基因、赓续红色血脉，推动红色工运故事走进职工群众家里、走进职工群众群里、走进职工群众心里，唱响“咱们工人有力量”的时代强音。

黑龙江省总工会：

打造“万名职工思想政治引领骨干”培训工程 当好忠诚党的事业的引路人

扫一扫，观看案例视频

一、基本情况

黑龙江省总工会始终将引领职工群众听党话、跟党走作为光荣政治使命，打造“万名职工思想政治引领骨干”培训工程，推动职工思想政治工作实体化、具象化，利用5年的时间，集中培训5万名思想政治引领骨干带头人，围绕“骨干”建设1000个职工理论学习小组。三年来，黑龙江省总工会本级成功举办线上线下52期全省万名职工思想政治引领骨干培训班，培训骨干36083名，成为“理论学习的宣传队、思想引领的播种机、创新成果的带头人”。龙江大地遍播思想之火，带动全省职工筑牢信仰之基，凝聚奋斗伟力。《工人日报》、“学习强国”等20多家媒体专题报道，引起广泛关注。

二、准确命名

打造“万名职工思想政治引领骨干”培训工程　当好忠诚党的事业的引路人

三、主要做法

（一）高站位谋划，吹响思想政治引领“集结号”。黑龙江省总工会以“组织有保障、行动有方向、培训有计划、工作有目标”的“四有”目标打造大培训工程，为新时期加强和改进职工思想政治工作注入“源头活水”。一是强化组织领导，高位推动。省总工会成立由党组书记任组长的领导小组，下设办公室负责统筹、协调、推进、总结、考评等工作。省总工会主席办公会专题研究制定方案，严格把关。明确提出要精挑细选培训对象，主要包括一线劳模工匠、优秀班组长、产改工作负责人、农民工代表、新就业形态劳动者代表、全省各级工会社会化工作者代表、劳动领域社会组织从业人员代表等，形成“种子选手个个饱满，骨干引领人人争先”的良好氛围。二是坚持齐抓共管，层层联动。培训工作纳入省总工会年度工作要点和全委会工作报告，作为“攻坚克难”项目，层层发动部署，强力推进。坚持全省一盘棋，各级工会组织积极响应，形成全省上下贯通、齐心合力抓落实的浓厚氛围。三是夯实资金保障，全力促动。设置培训专项资金，三年来，省总工会共投入经费 876 万元，用于专业课老师聘请、红色基地体验教育等，为培训提供了坚强保障。特别是针对参加线下培训的农民工、新就业形态劳动者（货车司机、快递员、护工护理员、家政服务员、商场信息员、网约送餐员、房产中介员、保安员、程序员、网络主播、网约车司机）等，出台《全省万名职工思想政治引领骨干大培训误工补助发放办法（试行）》给予误工补贴，极大地调动参与培训人员的积极性和主动性。

（二）高强度推进，打好思政培训“组合拳”。黑龙江省总工会从“职工导向”设计培训环节，以职工群众喜闻乐见的形式做实载体，优化体验，切实增强广大职工的政治认同、思想认同、理论认同和情感认同。一是强化理论武装，设置精品课程体系。科学配置教学资源，创建理论讲学、情景教学、考察研学、交流互学的教学模式。坚持政治铸魂，构建以习近平新时代中国特色社会主义思想为第一课，党史学习教育为必修课，劳模工匠精神为重要教育课的“精品课程体系”。第一时间将党的二十大精神、习近平总书记致首届大国工匠创新交流大会贺信精神、《习近平谈治国理政》第四卷纳入课程体系。邀请大国工匠刘伯鸣、全国人大代表马兵等走进课堂，讲述奋斗历程、成长故事，设计实施《以中国式现代化推进中华民族伟大复兴——党的二十大报告学习解析》《深刻领会习近平总书记在全国劳动模范和先进工作者表彰大会上的重要讲话精神》《十八大以来的历史跨越》《为什么是中国》等精品课程。打造红色课堂，开设“为国分忧、忘我拼搏，铁人精神永放光芒——纪念铁人诞辰 100 周年大型互动式主题体验教学实践课”，通过互动式、沉浸式、浸入式体验，重温铁人王进喜的英雄业绩和伟大精神。2023 年 4 月 14 日，全省万名职工思想政治引领骨干线上培训开班，1900 人参加首期培训，省总工会将习近平新时代中国特色社会主义思想主题教育相关内容融入培训课程，让主题教育触角直抵一线职工群众。通过精品课程设置，让职工把习近平总书记关于工人阶级和工会工作的重要论述学透彻；把工人阶级和广大劳动群众的突出贡献、时代重任和工会组织的使命担当学清楚；把党的光辉历程、大国辉煌、强国奇迹、中国力量、龙江故事学精彩；把先优人物、劳模工匠的事迹学深刻。二是活用阵地资源，打造多元化培训平台。依托全省工会阵地，设立基层教学点，建立职工思政大课堂，深入开展领学促学讲学活动，形成带动和辐射全省的分级、分层培训体系。为方便职工就近培训，哈尔滨、齐齐哈尔、牡丹江、佳木斯、大庆、鸡西等地开展属地培训，结合本地红色资源，培训各有特色。在大庆新时代产业工人思想教育基地，学员重温大庆精神的历史脉络，观看话剧《地质师》，打造劳模墙、劳模街，感受新时代产业工人的力量。突破时空地域限制，省总工会依托智慧工会平台，搭设“空中智慧课堂”，创建理论云学习、骨干云宣讲、感悟云交流的学习模式，在“屏上相逢”学习交流。三是创新方式方法，开展对象化、分众化、互动化培训。牢牢抓住劳模工匠、先进工作者、优秀基层职工代表这个“关键少数”，针对不同群体的需求，定制培训内容，举办“新就业形态劳动者代表、大产业集团、产改试点单位”等专期培训。同时把课堂搬到工厂车间、生产一线、发展前沿，既有理论讲授又有现场教学，既有典型示范又有交流研讨。牡丹江市宣讲工作走进非公企业，一场活动就有700余名职工收听收看，通过面对面、心贴心地互动，真正实现培训从“走形”到“走心”。

（三）高效能转化，推进培训成果在基层“开枝散叶”“开花结果”。习近平总书记指出，“大思政课我们要善用之，一定要跟现实结合起来”。黑龙江省总工会努力做好培训“后半程”作用发挥这篇大文章，在全省职工中培养理论学习“宣传队”、思想引领“播种机”、创新成果“带头人”，让理论骨干星星之火，成燎原之势。一是组建骨干队伍。全省组建劳模工匠宣讲队、理论骨干讲师团123支，选拔宣讲骨干67名，以工作岗位为核心，以基层单位及周边为辐射半径，开展宣讲活动1560余场，辐射受众职工16万人。在产改试点企业东安汽车发动机有限公司，参训学员回到工作岗位后，积极开展宣讲，“种子”“头雁”成为企业栋梁。在黑龙江省顺丰速运有限公司，参训的10位快递小哥成为工友的“代言人”，参与组织开展员工活动百余场。冒着生命危险将起火货车开离双鸭山市区的司机孙刚，参训后组织辖区内6名党员货车司机成立党小组，并组织慰问支援活动。二是抓牢示范引领，全方位辐射带动。“大培训”的落脚点是“大引领”，按照以点带面、以骨干带动全员的有形化思想引领模式，以“队伍过硬、载体丰富、形式创新、实践生动、成效显著”为标准，创建类别丰富的

100 家职工思想政治教育实践点，成立 1000 个职工理论学习小组。在齐齐哈尔市兴十四村培训基地、中国一重展览馆、中车齐车公司厂史馆、齐二机床马恒昌小组展览馆……一批“职工培训中心”“新时代产业工人思想政治教育基地”相继揭牌，打造接地气、冒热气、聚人气的职工思想政治工作前沿阵地。三是总结经验成果，探索深化创新。以职工思想政治引领骨干培训为契机，开展职工思想政治状况调查，进行课题研究，全方位、多角度深刻剖析新时期全省职工的思想状况、迫切需求和现实问题，总结提炼培训成果，形成有分量的调研报告和可复制、可推广的工作经验，探索形态最优、办法最佳、路径最好的模式。一支理论上清醒、政治上坚定、行动上自觉的新型产业工人大军培育壮大，凝聚起黑龙江省振兴发展的强大精神力量。

上海市总工会：

打造"中国梦·劳动美——人民城市奋斗有我"上海职工直播课堂

扫一扫，观看案例视频

一、基本情况

为深入学习贯彻党的二十大精神、习近平总书记考察上海重要讲话精神，践行人民城市重要理念，引领广大职工为上海"五个中心"建设团结奋斗，上海市总工会于 2020 年 10 月推出"中国梦·劳动美——人民城市 奋斗有我"上海职工直播课堂品牌项目。2021 年经过全新改版，成为上海职工思想政治引领工作品牌项目。

上海职工直播课堂由上海市总工会主办，各区局（产业）工会承办。活动以红色场馆、代表性建筑为"教室"，由劳模、工匠当"教师"，用职工听得懂、听得进的语言，生动讲述劳模故事、劳动故事、上海劳动者的故事。将职工教育搬上"指尖"，通过技能强国—全国产业工人学习社区、上海人民广播电台、阿基米德、话匣子、上海市总工会官方账号、劳动观察App等线上平台，让广大职工通过网络便可抵达课堂现场，打造“前期可知、同步可看、回放可播”的线上线下“沉浸式课堂”。截至2023年12月，共举办17场活动，线上线下受众超2300万人次，场均收看达135.3万人次。

二、准确命名

打造“中国梦·劳动美——人民城市 奋斗有我”上海职工直播课堂

三、主要做法

（一）打造网络平台，创新教育模式。上海职工直播课堂致力于打造成为工会系统富有感染力、吸引力和具有社会影响力的品牌项目，成为展示上海城市精神、城市品格和弘扬上海工人阶级品格的重要窗口。“课堂”多元化，让职工“愿意听”。适应新时代信息化、网络化、智能化发展要求，突破传统线下大讲堂的单一授课模式，通过线下课堂同步网络直播的形式，在各级各类网站以及微信、微博等平台开设线上直播间，打造工会宣传思想工作的线上线下双阵地。“授课”多维化，让职工“听得进”。采用气氛更融洽、职工群众更易接受的访谈模式，并引入受年轻职工欢迎的TED演讲、嘉宾论坛，以专家劳模主讲、主持人访谈、现场观众互动、直播间留言提问等形式授课，配以视频、图片等丰富素材，讲述故事，分享经验，增强活动的吸引力、参与率和生动性、有效性。“课件”多样化，让职工“记得牢”。在直播的同时，课后剪辑音（视）频课件进行二次传播。上海职工直播课堂已在阿基米德、话匣子、人民网、看看新闻等平台上线文字（视频）回看。此外，迎合受众的阅读习惯，运用传播力更强、传播速度更快的短视频方式制作“微”课件。通过剪辑20秒嘉宾精彩访谈短视频，生动再现活动精彩内容，以直击人心的“朴实金句”，吸引职工点赞、评论、分享。

（二）聚焦时代主题，弘扬“三个精神”。上海职工直播课堂以大力弘扬劳模精神、劳动精神、工匠精神为主线，加强选题、内容策划和故事呈现，邀请劳模工匠走进红色场馆、地标性建筑，聚焦时代主题讲好“三个故事”。一是讲好红色故事。在党的初心孕育地渔阳里，一同追溯信仰之源；在中共二大会址纪念馆，一起寻找奋斗钥匙；在沪西工人半日学校旧址，带领职工聆听这所特殊学校的红色记忆。二是讲好发展故事。在上海解放纪念馆，开讲“薪火传初心 建功新时代”沉浸式党课；在杨浦滨江人人屋党群服务站门前广场，和广大职工一起见证跨越时空的历史变迁；在浦东开发开放30周年大会召开之际，展望而立浦东启新程。三是讲好劳动故事。在上药集团，感受医药劳模在奋斗中体现出的上海速度、上海精度、上海高度和上海温度；在沃尔沃汽车亚太区总部，聆听劳模“新奋斗，新样板”的故事；在第二届大国工匠创新交流大会期间，开播“从‘上海师傅’到‘大国工匠’”主题论坛。3年来，共有 43 位劳模工匠、10 位五一劳动奖章获得者、11 位优秀职工代表走进直播课堂。不同时期、不同行业的劳模工匠和先进代表人物，分享努力奋斗、成长成才的生动故事和鲜活案例，在职工群众中引起强烈共鸣，不断凝聚广大职工奋进新征程、建功新时代思想共识。

（三）整合内外资源，形成同城效应。上海职工直播课堂注重构建内外上下联动、多主体共同参与的“传播体系”，探索做实做活职工思想政治工作的有效路径。一是积极引入媒体专业力量。由上海广播电台的专业团队进行现场拍摄和直播，提升活动专业度。邀请何卿、雷小雪、臧熹等著名主持人担任访谈主持，为活动宣传引流。推动上海人民广播电台老牌栏目“直通 990”转播活动音频，不断扩大社会影响力。二是有效整合工会优势资源。利用工会系统的阵地、网络、组织优势赋能活动宣传，上海市总工会官方网站、“申工社”微信公众号、劳动观察 App 等工会宣传平台同步开展活动预热和直播，职工书屋等工会服务阵地同步转播收看。各级工会干部纷纷当好“宣传员”，分享转发活动海报、组织职工集中收看。三是充分激发基层工会活力。直播课堂通过市总工会主办、各基层工会承办的模式，让更多具有区域、行业特点的课堂内容精彩呈现，极大地调动了基层工会共同推进职工宣传思想工作的积极性、主动性，让“思政课堂”真正来到劳动一线，走到职工身边。截至目前，直播课堂已走进上海 11 个区、6 个产业（局），涵盖“中国芯”“蓝天梦”“未来车”“智能造”“数据港”等诸多领域。

四、工作启示

习近平总书记指出，要注意宣传群众、教育群众，用群众喜闻乐见、易于接受的方法开展工作，提高群众思想觉悟，让他们心热起来、行动起来。工会宣传思想工作要强化“工作即宣传、宣传必感动”理念，不断提升引领力、感染力、辐射力。

（一）把握重点，在“准”上下功夫。精准把握新时代职工思想政治工作要求，坚定不移用习近平新时代中国特色社会主义思想武装职工，用中国特色社会主义事业的伟大成就教育职工。精准把脉职工思想动态，聚焦上海经济社会发展热点、活用上海红色工运地标，广泛开展“中国梦・劳动美”主题宣传教育，激励广大职工积极投身中国式现代化的火热实践。

（二）抓住关键，在“人”上做文章。发挥劳模工匠宝贵资源的引领示范作用，让职工身边看得见、摸得着、学得上的模范人物登台“授课”。注重“小切口大主题”，以“人物 + 故事 + 互动”的创新形式，用深入浅出、通俗易懂的语言，讲述一个个走心的奋斗故事。用“小故事”阐释“大道理”，变灌输说教为激励引导，从思想深处打动职工、赢得职工，让职工思政课“聚人气、接地气、冒热气”。

（三）勇于创新，在“网”上求突破。互联网已经成为意识形态斗争的主阵地、主战场、最前沿，是加强和改进思想政治工作的重要阵地和关键领域。要通过加强与主流新闻媒体（网站）的沟通合作，让思想政治工作触网入云，触达更多职工。要通过创新网络直播、互动问答等活动形式，使职工思政工作变得鲜活、新颖，形成一次性宣讲、多元化传播、多渠道扩散效果，让互联网这个最大变量变成职工政治工作发展的最大增量。

江苏省总工会：

劳模工匠进校园　思政教师进企业

扫一扫，观看案例视频

一、基本情况

近年来，江苏省总工会认真贯彻落实中央《关于新时代加强和改进思想政治工作的意见》，抓住职工和学生两类重点群体，用好劳模工匠和思政教师两种资源，2020 年 4 月在全国率先组织开展“劳模工匠进校园 思政教师进企业”（以下简称“双进”）宣讲活动，着力推动习近平新时代中国特色社会主义思想进企业、进学校，进一步增强职工和学生听党话、感党恩、跟党走的政治自觉和行动自觉。

“双进”宣讲活动，作为江苏工会职工思想政治工作的特色名片，传承 2013 年江苏省“劳模精神进校园”活动，聚焦职工思想政治引领，突出工会特色劳动教育，用活用足劳模工匠、思政教师资源，主题导向鲜明，“工”字招牌鲜亮，方式方法灵活，受众覆盖人数多，感染力吸引力强，社会影响力传播力大，形成了品牌效应。江苏工会“双进”宣讲活动推动职工思想政治工作走深走实的经验做法，多次在全国工会会议作经验交流。近年来，“双进”宣讲活动相关做法受到江苏省委主要负责同志的批示肯定，《江苏省开展“劳模工匠进校园 思政教师进企业”宣讲活动的探索实践》被《思想政治工作研究》刊用，并由中国思想政治工作研究会以内参形式报中央宣传部。中央和省内主流媒体多次报道“双进”宣讲活动，形成强大声势，取得良好社会效益。

二、准确命名

劳模工匠进校园　思政教师进企业

三、主要做法

（一）坚持思想引领，解决“讲什么”的问题。把学习宣传贯彻习近平新时代中国特色社会主义思想作为“双进”宣讲活动的首要政治任务，推动党的创新理论在企业和高校入脑入心、落地生根。持续深化理想信念教育，大力弘扬劳模精神、劳动精神、工匠精神，全面提升职工和学生两类重点人群的思想政治素质。一是讲党的创新理论。组织思政教师和专家学者等深入企业车间班组，宣讲党的创新理论，开展党的路线、方针、政策和形势任务教育，给企业职工讲工运史和优秀传统文化等，教育广大职工树立立足岗位、创业奋斗的职业理想。围绕学习宣传贯彻党的二十大精神和中国工会十八大精神，组织职工线上学习和知识竞赛，编印《班组职工思想政治工作创新案例》。2023年注重把宣讲向新就业形态劳动者延伸，聚焦习近平总书记对新就业形态劳动者的关心关爱，打造凝“新”聚力系列微课。二是讲劳模精神。组织劳模工匠和其他领域的先进典型进校园，给教师和大中小学生宣讲劳模精神、劳动精神、工匠精神，讲他们的劳动故事和成长成才经历等，编印《讲好劳模故事 奏响奋进之歌》通俗读物，录制100位劳模工匠的微视频，制作100个劳模精品课件，教育大中小学生牢固树立劳动最光荣、劳动最崇高、劳动最伟大、劳动最美丽的观念。三是讲“四史”专题。围绕党史、新中国史、改革开放史、社会主义发展史等内容，先后推出“‘战疫’中的中国精神”、产业工人队伍建设改革、“我是党的螺丝钉”、“崇高信仰奋进力量”等“四史”专题宣讲，丰富“双进”理论宣讲的内容。有的市总工会还把“四史”教育课堂搬到流水线、机器旁，由会议室里的“排排坐”变成了车间里的“围着听”，课堂更接地气，学习氛围更浓。

（二）创新方式方法，解决“怎么讲”的问题。坚持宣讲方式灵活多样、线上线下同步发力，用“小故事”讲“大道理”，使宣讲活动更有味道、更有温度、更有力量，不断增强“双进”宣讲活动的吸引力和时效性。一是实现资源共享。整合各行业的劳模资源和各学校的思政教师资源，发挥劳模工匠的实践优势和思政教师的理论优势，实现企业与学校双向互动、优势互补，开展多层次、分专题、系统化的宣讲活动。三年多来，全省共组织3630名劳模工匠到5154所学校和3649家企业开展宣讲，组织2236名思政教师到5100家企业开展宣讲，线上线下受众超3500万人次。推动一批劳模创新工作室挂牌学校思政课实践基地，组织劳模工匠走进中小学校“双减”延时课堂、职业学校职业规划公开课等。组织学生走进企业参加生产实践，近距离接触劳模工匠，感悟劳模精神，实现思政小课堂和社会大学堂的有机融合。针对新就业形态劳动者“平均年龄低、工作稳定性差、空闲时间少”的实际，我们开通“求学圆梦”行动专属通道，成立普通高校、高职院校、职工学校等组成的教育联盟，帮助他们重拾“大学梦”，并为他们开设岗位培训、技能培训定制班。二是打造不同模式。以示范性宣讲活动为主，省级层面每年不少于100场，各设区市不少于10场。2023年针对新就业形态劳动者探索实施“案例+理论”组合式、示范性宣讲，请快递小哥、货车司机、网络主播分享鲜活故事，由思政教师解析升华，用“小题材”讲透“大道理”，引起强烈反响，单场在线人数超百万。同时，针对不同行业和不同群体开展差异化宣讲，坚持把讲理论、讲政策和讲故事结合起来，宣讲模式既有理论大咖与劳模先进的对话，也有理论与文艺结合的情景剧、小品、微电影、快闪等节目展播，还有依托红色工运史旧址、劳模创新工作室打造的沉浸式课堂，取得了很好的效果。三是开展线上宣讲。利用现代互联网信息技术，开发“双进”活动App，建立微信公众号，建设网上学习园地、理论学堂、知识题库、精品课程等栏目，推出劳动故事、红色记忆等热门专题。针对新就业形态劳动者“触网”频繁的特点，开设凝“新”聚力直播课堂 102 个。借助抖音、快手、B 站等直播平台推出《学习习近平总书记“七一”重要讲话》《牢记嘱托感恩奋进》《身边榜样——走在前、做示范中读懂我和我的江苏》《劳模精神“大家谈”》等直播课，每场在线人数均破 50 万人次。

（三）选优配强师资，解决“谁来讲”的问题。深入挖掘整合各行各业的劳模工匠资源和高校思政课教师资源，加强师资队伍建设，为“双进”活动常态化开展提供有力保障。一是组建“双进”师资队伍。优选百名高校优秀青年思政教师，组建企业理论宣讲团，组织 800 多名劳模工匠担任各类学校思政课特聘导师、德育导师、团学导师，组织 80 多名新就业形态劳动者劳模先进兼职学校辅导员，进一步扩大兼职思政教师队伍。充分利用好各设区市讲师团资源，进行“双进”师资后备库建设，为持续推进“双进”活动储备师资力量。二是建好用好“双进”培训平台。依托省市讲师团和江苏工会学院，建立“双进”培训平台，完善师资库、课程库、需求库、视频库四个体系，实现师资对接服务的“自助双选”和“自动匹配”，同时通过平台将“双进”宣讲内容录制成系列专题讲座，进行多媒体传播，供各需求单位菜单式点播学习。目前，“双进”培训平台共有在线名师 399 位。三是开展“双进”师资培训。选派骨干“双进”师资到党校等进行专项学习，邀请南京大学、江苏师范大学等高校的专家教授为“双进”师资授课。组织开展习近平新时代中国特色社会主义思想学习解读、“双进”宣讲活动专题研讨等活动，进一步提升劳模工匠和思政教师的宣讲水平。

四、思考启示

（一）始终把做好凝心铸魂、引领社会风尚作为“双进”宣讲活动的根本任务，把准职工思想政治工作的方向。“双进”宣讲活动紧扣时代主题、导向鲜明，把学习宣传贯彻习近平新时代中国特色社会主义思想作为首要任务，聚焦职工思想政治引领，在全社会特别是职工和学生中大力弘扬劳模精神、劳动精神、工匠精神，唱响劳动最光荣、劳动最崇高、劳动最伟大、劳动最美丽的时代最强音。

（二）始终把建强师资队伍、整合资源共享作为“双进”宣讲活动的基础工程，夯实职工思想政治工作的根基。“双进”宣讲活动立足工会组织的人才优势、组织优势，主动争取党委政府支持，建好用好劳模工匠、思政教师两支师资队伍和培训平台，发挥劳模先进的实践优势和思政教师的理论优势，实现企业与学校双向互动、优势互补。

（三）始终把灵活形式载体、双线同步发力作为“双进”宣讲活动的关键环节，提升职工思想政治工作的成效。“双进”宣讲活动坚持用职工听得懂、学生愿意听的语言和话语体系，创新思想政治工作方式方法，探索校企联动思政教育工作方式，打造精品课件，将传统宣传载体和现代网络应用载体有机结合，针对不同受众人群，采用丰富多样的活动方式，坚持用“小故事”讲“大道理”，线上线下同步发力。

浙江省总工会：

创新开展“守好红色根脉·班前十分钟活动”

扫一扫，观看案例视频

一、基本情况

浙江省总工会深入贯彻落实群团改革要求，按照“全国争示范、全省有影响、群团走在前、职工有感受”的目标要求，不断探索职工思想政治工作载体，在劳模工匠和工会干部思政宣讲“双百千万”活动的基础上，2022年初与省委宣传部联合下发通知，在全省企业创新开展“守好红色根脉·班前十分钟活动”，同时与浙江省思想政治工作研究会联合开展优秀活动案例征集展评工作。活动开展一年多来，通过常态化宣讲、专业化领讲、品牌化推广，全省已有3.79万余家企业、1228万多名职工参与，初步形成党委要求、工会主导、职工参与、浙江特色的企业职工思想政治教育新模式。

“守好红色根脉·班前十分钟活动”充分利用浙江“三地一窗口”红色资源，立足企业班组，以身边人讲身边事的形式，讲活科学理论、讲深伟大梦想、讲好红色故事、讲透“三个精神”、讲明发展愿景，有效激发了广大职工创业创新活力，促进了职工精神共富，初步探索建立了具有先行示范作用、浙江辨识度和浓郁工会味的职工思想政治教育模式，为全省职工群众学习宣传贯彻党的二十大精神，践行岗位使命，有效助力浙江共同富裕和中国式现代化浙江篇章提供了强大思想支撑。“守好红色根脉·班前十分钟活动”的经验做法在全国工会宣传工作会议等多个重要会议活动上作典型交流。

二、准确命名

创新开展“守好红色根脉·班前十分钟活动”

三、主要做法

“守好红色根脉·班前十分钟活动”主要在于用好企业班组细胞，用足用活原有班前部署会、班后小结会等载体，培育引导企业车间、班组里的先进骨干力量适时组织开展红色宣讲，用职工群众听得懂、愿意听的语言，让职工身边人讲给身边人听，用身边典型故事激励带动身边职工，润物细无声加强职工思想政治工作，从而将习近平新时代中国特色社会主义思想和党的二十大精神、社会主义核心价值观等浸进职工心田，进一步巩固工会宣传思想舆论阵地，带领职工群众听党话、跟党走。此项活动的主要做法有以下几点。

（一）深耕内容体系，活动质量有保障。一是聚焦红色根脉，突出思想政治引领。秉持红色基因传承，在活动中紧紧围绕习近平新时代中国特色社会主义思想、党的二十大精神、中国工会十八大精神、浙江省第十五次党代会精神和最新政治时事动态等核心内容学习交流，深入开展“中国梦·劳动美”主题宣传教育。浙江省总工会阶段性梳理重点宣讲内容，每季度一次及时向全省基层工会下发“守好红色根脉·班前十分钟活动”宣讲重点内容提示单，不断推进新思想、新理念进园区、进企业、进班组，多措并举加强和改进新时代产业工人思想政治引领工作，引导产业工人心系“国之大者”、厚植“家国情怀”。二是聚焦“三个精神”，突出劳模先进引领。在活动中，突出“时代楷模”钱海军、大国工匠竺士杰、青年劳模徐川子等先进典型示范引领作用，坚持以劳模精神、劳动精神、工匠精神为指引，通过班前组织劳模工匠宣讲、观看劳模工匠视频及小故事分享等形式，让身边的先进人物讲述自身成长与企业同步发展的故事，以身边的榜样力量激励引领职工，推动企业上下形成学习先进、崇尚劳动的良好风尚，鼓励广大产业工人争当有理想、守信念的最美奋斗者。三是聚焦主责主业，突出职工素质提升。结合企业发展愿景，鼓励广大职工群众围绕主责主业，在班前交流分享技术成果、成功案例、岗位技能等内容，为广大职工搭建“谋划、交流、展示”三合一的平台，激发广大职工创业创新热情。各企业结合实际情况，在活动中融入企业日常学习、宣传教育内容，如安全生产法规教育、职业病防治知识培训、合理化建议活动、安全隐患随手拍分享会等，进一步提升职工整体技能素质、安全意识、岗位责任和自我防护技能。

（二）注重活学活用，活动形式有创新。一是示范指导送学。各级工会组织以劳模工匠宣讲团成员、基层工会干部、文艺骨干等为主的宣讲顾问和内容顾问，以“点单式”“滴管式”方法下企业开展点对点培训提升服务，帮助企业培育一支政治素质好、示范引领强、职业技能高的职工领讲骨干队伍。同时结合蹲点调研、“当一周工人”、“三服务”等活动，主动将《工会法》、职工学历与技能提升、职工医疗互助、女职工权益保障等普法知识和普惠政策手册送到职工手中。二是形式丰富乐学。在活动组织开展过程中，各地各企业结合实际举办微讲座、微党课、观看红色视频、倾听红色故事、劳模宣讲、优秀职工分享、座谈交流互动、脱口秀、读书接力、党的二十大精神知识竞赛等一系列创新方式的活动，讲读诵演样样有，形式生动活泼，有效增加宣讲的生动性，提高职工学习参与主动性。三是结合实际活学。在活动中，各企业主动加强了职工书屋、职工之家、职工文体活动中心等阵地建设，充分发挥各自优势，将活动开展与有效加强企业文化建设相结合，鼓励企业在班前会、工间会、早会、例会、午休、夜学等时段开展宣讲活动，做到宣传教育活动与生产任务两不误、两促进，进一步激发广大职工的工作积极性。

（三）运用系统思维，活动推进有条理。一是借势借力强力推进。2022年4月，浙江省总工会联合省委宣传部下发《关于深化企业职工思想政治工作 组织开展“守好红色根脉·班前十分钟活动”的通知》，全省 11 个市总工会和 90 个县级总工会均与同级党委宣传部门联合出台活动实施具体方案，统筹各类资源，共同推进活动开展。在此基础上，省总工会进一步出台了《关于高质量推进“守好红色根脉·班前十分钟活动”的指导意见》，推动活动提质扩面、走深走实。二是示范引领先行先试。在活动开展初期，主要是发挥先进典型的导向作用，在产改试点单位特别是机制健全、前期基础好、准备充分的省级试点企业率先启动，形成示范引领效应。同时，指导各基层单位积极选聘领讲骨干，优选指导顾问，评选星级领讲员，较好地形成“以点串线、以线带面”的工作局面。2023 年选树通报了 100 名省级优秀领讲员和“十佳领讲员”。连续两年组织开展“守好红色根脉·班前十分钟活动”优秀案例征集展评工作，共征集活动案例 685 个，评选出优秀案例 120 个、优秀宣讲文案 60 篇，印发全省各级工会相互学习借鉴，起到了较好的作用。三是加强宣传营造氛围。浙江工人日报社制订专题报道计划，在报纸、“浙工之家”微信公众号同步推出主题报道专栏持续开展宣传。全省工会新媒体矩阵同频共振、同步发力，以文、图、视频相结合的形式，及时宣传“守好红色根脉·班前十分钟活动”开展情况。与此同时，全省各级工会积极向各类主流媒体推荐报送活动新闻线索，得到《人民日报》、新华社、中新社、《浙江日报》等各大主流媒体广泛关注，全面立体展示了活动开展情况，营造了火热的活动氛围。

四、工作启示

（一）把牢“定盘星”，以党的创新理论武装职工。活动通过面对面、有特色、接地气、入人心的宣传宣讲，常态化开展习近平新时代中国特色社会主义思想宣传教育，坚决扛起了工会组织政治责任，潜移默化引导广大职工群众深刻领悟“两个确立”的决定性意义，不断增强“四个意识”、坚定“四个自信”、做到“两个维护”，进一步巩固了党执政的阶级基础和群众基础。浙江工会用足用好红色资源宣传宣讲、加大产业工人思想政治教育基地建设等一系列举措，有效赓续“红色根脉”，较好引领广大职工传承红色基因。

（二）汇聚正能量，以“三个精神”激励职工。讲好劳模工匠故事、讲好勤奋劳动故事、讲好职工温暖励志故事、讲好工会暖心关爱故事等，活动以小切口大舞台，职工讲给职工听，有效凝聚和激发起了广大产业工人当好主人翁、建功新时代的奋进力量，为造就一支有理想守信念、懂技术会创新、敢担当讲奉献的产业工人队伍提供了强大的思想根基，共同为在高质量发展建设共同富裕示范区中再作新的贡献。

（三）激发内动力，以共同成长凝聚职工。活动内容十分注重与企业、与职工主责主业有机结合，开展对标对表、技术攻关、品质溯源，有效激发职工创业创新活力。同时活动也十分关注职工普遍关心的各类民生“关键小事”解决，促进职工个人技术技能和岗位能力提升，有效拓宽职业成长空间，从而增强职工主人翁意识和归属感，有效凝聚形成促进企业高质量发展的强大内生动力，促进企业与职工形成利益共同体、事业共同体、命运共同体。

安徽省总工会：

建设职工文明实践中心
传播新思想弘扬时代新风

扫一扫，观看案例视频

一、基本情况

建设新时代文明实践中心是党中央作出的重大决策部署，2018 年 4 月以来，安徽工会率先在淮北、马鞍山等地试点建设新时代职工文明实践中心。安徽省新时代职工文明实践中心于 2020 年 8 月经安徽省编办批准成立，同年 9 月 1 日揭牌并举办首场新时代职工文明实践活动，吹响全省职工积极投身新时代精神文明建设的新号角。作为全国省级工会层面首家新时代职工文明实践中心，始终围绕“中国梦・劳动美・安徽篇章”主题，充分履行传播理论、指导实践、服务职工三大职能，吸收各级劳动模范、工匠大师、最美职工等先进典型，组建志愿服务总队，示范引领全省广泛开展职工文明实践活动。目前，全省各级工会先后建立新时代职工文明实践中心（站、所）近2000个，成为职工群众精神文化的新家园和凝聚职工力量的主阵地，淮北市新时代职工文明实践中心——“12345”模式引领职工听党话、跟党走获评安徽省思想政治引领创新案例。据不完全统计，全省各级工会开展职工文明实践活动年均1700余场次。

二、准确命名

建设职工文明实践中心 传播新思想弘扬时代新风

三、主要做法

（一）以传播党的创新理论为首要任务。安徽省总工会打造“1+2+N”模式的劳模宣讲思政课品牌——1个主题、2个库（劳模宣讲人才库、职工文艺人才库）、N个特色项目或环节。近年来围绕不同主题，以“讲、诵、演、访、唱、展”等群众喜闻乐见的方式，每年高标准开展劳动模范工匠大师进校园、进企业、进工地、进班组、进社区的“五进”示范大宣讲活动，带动全省各地各级劳模工匠年均开展宣讲活动1500余场次、线上观看达1000万人次、点赞数百万次，“百名劳模讲党史”被纳入“全省党史学习教育特色创新活动”。党的二十大召开后，全省县以上工会广泛组建劳模（工会干部、职工）宣讲团146个，把新思想宣传宣讲辐射到基层一线，把课堂搬到项目工地、企业车间，努力打通新思想传播的“最后一公里”，逐步形成领导干部带头讲、劳模工匠跟进讲、媒体宣传强声势的局面。

（二）以培养时代新人弘扬时代新风为基本职责。牢牢把握为实现中国梦而奋斗的工人运动时代主题，先后以“与共和国同成长、与新时代齐奋进”“决胜小康 奋斗有我”“永远跟党走、奋进新征程”“喜迎二十大 建功新时代”“凝心铸魂跟党走 团结奋斗新征程”为主题，上下联动，常态化开展红色电影展播展映、职工演讲比赛、知识竞赛、征文、摄影书画展、文艺会演、诗词大赛、歌唱大赛等特色鲜明的群众性活动，在潜移默化中提升职工群众文明修养。加强新时代公民道德建设，各级工会积极培养推荐劳动模范、一线职工参评中国好人，带动更多身边人向上向善，持续深入移风易俗，破除铺张浪费、大操大办等陈规陋习，将社会主义核心价值观融入转化为生动活泼、特色鲜明的群众性实践，在安徽省总工会首场文明实践活动上，劳模志愿服务总队发出光盘行动的倡议书。

（三）以志愿服务为组织方式。省总工会层面建立新时代职工文明实践劳模志愿服务总队，在首场文明实践活动中，省总工会主席向新时代职工文明实践劳模志愿服务总队队长、学雷锋志愿服务“四个100”先进典型最美志愿者李祥斌同志授予志愿服务总队队旗，李祥斌作先进事迹报告，分享了自己志愿服务的心得体会。随后，省总层面开展“弘扬劳模精神 助力乡村振兴”“弘扬劳动精神 共创幸福生活”“弘扬工匠精神 推动高质量发展”“劳模精神进社区 便民实事暖人心”等多场示范性文明实践活动，邀请劳模发挥自己的专长，通过劳模宣讲、体验劳动生活、参观劳模纪念馆、助销农产品、上微党课、文艺演出等方式，将文明实践活动做细做实。全省各级工会统筹发挥劳模等先进典型中乡村文化带头人、科技能人、技工、医生、老师等在各行各业的模范作用，建设数量充足、构成多元、富有活力的志愿服务队，精准化、常态化、便利化开展文明实践活动。淮北市新时代职工文明实践中心设有“志愿者工作室”，实行“月＋周”双活动制度，实现活动常态化。

（四）以解决职工群众实际问题为导向。安徽省总工会始终围绕中心大局、服务经济社会发展，坚持以职工为中心、服务广大职工群众，党和政府关注什么我们就做什么，职工关心的是什么我们就办什么。各级工会已连续多年开展为职工办10件实事，将思想政治工作与文明实践、志愿服务结合起来，在各种实践活动中结合“我为群众办实事”，深入职工群众问需问计，开展职工文艺小分队慰问、职工免费体检、公交出行补贴、“送清凉”、“送温暖”等工会特色活动。比如，在“跟着劳模去创新”文明实践活动中，组织龙头企业、行业协会签署农产品购销帮扶协议，组织劳模工匠专家现场指导，产用交流，为非公企业职工开展技术技能和安全生产知识培训，促进乡镇非公企业健康持续发展等。广泛开展为职工提供义诊、家电维修、科学健身等解决实际问题的服务，集群推进各类服务品牌建设，有效促进了新思想宣传宣讲与文明实践的深度融合。

四、工作启示

（一）突出政治性，切实强化思想引领。牢牢把握职工文明实践中心的政治属性，充分认识到新时代职工文明实践中心建设是工会宣传思想工作守正创新、开拓新局的重要举措，是新形势下宣传职工、教育职工、引领职工、服务职工的重要抓手。安徽新时代职工文明实践中心边实践边探索边总结，真切感受到安徽新时代职工文明实践中心建设是一项党组织强基础、劳模工匠当先锋、职工群众得实惠的战略工程、民心工程，给基层一线带来了新变化、新气象、新风尚。

（二）下好一盘棋，广泛搭建实践平台。要充分发挥工会组织优势、群众优势和阵地优势，坚持把文明实践基地建在职工身边的原则，整合盘活全省各级各类工会公共服务资源，依托工会干校、职工学校、工人文化宫、职工服务中心、职工之家、职工书屋等各类工会阵地，着力打造一批室内和室外、固定与流动相结合的新时代职工文明实践场所，着力建设一支覆盖面广、专业性强、灵活亲民的职工文明实践志愿服务队，着力开展一系列形式多样、群众喜闻乐见的文明实践活动，全面搭建新时代职工文明实践平台。

（三）打好创新牌，精心培育特色亮点。要以职工群众需求为导向，勇于改革，大胆创新，积极探索行之有效的新时代职工文明实践活动形式，用接地气的职工语言传递新时代“新声”，让职工群众听得进、喜欢听、有触动。树立工作即宣传的理念，扩大文明实践活动的知晓面，助燃职工文明实践正能量持续升温。

（四）紧握实干桨，全面落实工作保障。发挥职能优势、集聚优质资源，安徽省总工会新时代职工文明实践中心无编制，在安徽工人日报社加挂牌子，但作为“一把手”工程，由省总工会主要领导牵头负责，根据工作需要，成立常设机构，日常办公场所设在省总机关，抽调相关人员，做好日常工作。安徽省职工文明实践活动经费已列入省财政资金，不足部分从省总工会宣传教育活动经费中列支。各地经费补贴、资金扶持政策为实践中心建设营造了良好的环境，马鞍山市总工会编列专项资金，对检查验收达标的实践中心予以资金支持，其中，市级中心建设资金由市总工会承担；县区（国家级开发区）分中心，市总工会予以100万元资金扶持，市政府再配套资金50万元；省级开发区中心，市总工会予以20万元资金扶持；乡镇街道中心，市总工会予以10万元资金扶持。

福建省总工会：

依托工会驿站“小空间”
做好职工思想政治引领“大文章”

扫一扫，观看案例视频

一、基本情况

户外劳动者驿站是体现党的“以人民为中心的发展思想”的窗口，是工会组织服务一线职工的前沿阵地。近年来，福建省总工会紧紧抓住户外劳动者最关心最现实的问题，创新驿站服务内容模式，持续扩大服务站点有效覆盖，全力推进驿站建设提速提质增效。截至目前，全省工会已累计建成驿站 4080 个（其中全国“最美工会户外劳动者服务站点”150 个），累计服务户外劳动者 680 余万人次，受到了职工群众和社会各界的广泛赞誉，2023 年首次列入省委省政府为民办实事项目。全国总工会党组书记、副主席、书记处第一书记徐留平，福建省省长赵龙，省委副书记罗东川先后对福建工会驿站建设工作作出批示，给予充分肯定。

在服务站点建设推进过程中，福建省总工会认识到驿站不仅解决了户外劳动者歇脚难、喝水难、吃饭难等这些基本问题，还具有思想政治引领功能，率先在全国做了一些探索与实践，因地制宜开展一系列具有工会特色、职工喜闻乐见的思想宣传活动，以润物细无声的方式将“听党话、跟党走”信念浸润职工心灵，进一步扛起工会组织对职工思想政治引领的责任，把驿站打造成为职工解决急难愁盼问题的“幸福家园”和思想充电的“精神乐园”。福建工会在驿站探索思想政治引领方面的经验做法多次在全国工会会议上作了经验交流。

二、准确命名

依托工会驿站“小空间” 做好职工思想政治引领“大文章”

三、主要做法

（一）建起“驿”平米主题空间，勾勒思想引领“同心圆”。依托驿站阵地优势，把“看得见”的日常服务与“看不见”的思想引领结合起来，增强驿站吸引力。一是可休息的“驿”平米。进一步规范驿站建设“六有”标准，按照一至五星级标准实行星级管理，重点解决好喝水难、吃饭难、休息难、如厕难等“关键小事”，推动具备条件的站点单独设立卫生间，不具备条件的站点积极协调邻近企事业单位、营业场所向户外劳动者免费开放卫生间，并在站点显著位置标明卫生间的位置。二是可流动的“驿”平米。顺应新就业形态劳动者灵活性强、流动性大的特点，按照“会、站、家”一体化思路推进移动式驿站建设，同时依托数字化、网格化让工会服务的要素资源流动起来。在全省布点“爱心冰柜”，开展“清凉物资漂流”活动，提供“点对点清凉配送服务”。三是可学习的“驿”平米。因地制宜设置“一平米学习角”，配置《习近平著作选读》《习近平谈治国理政》《习近平关于工人阶级和工会工作论述摘编》《习近平在福建》等图书，工会法、劳动法等法律读物，以及《工人日报》《中国工运》《中国工人》《福建工会通讯》等报刊。布置“听党话、跟党走”等标语、展板，LED显示屏滚动播放习近平总书记对广大劳动者的殷殷话语，营造“有声有色”的宣传氛围。福州市仓山区东升街道东韵社区工会户外劳动者服务站设置党的二十大精神学习角等红色阵地，从定期举办读书会到常态化开展党建知识线上竞赛，从拥有各类图书、期刊500余册的“学习角”到提供“有声读在线听”红色经典主题“传习所”，每月超过1500人次户外劳动者在这里汲取思想新动能。

（二）办好“驿”起学主题宣讲，跑出主题宣传“加速度”。在驿站广泛开展接地气、有特色的宣传宣讲活动，不断增强职工群众对党的创新理论的政治认同、思想认同、理论认同、情感认同。一是通过主题阅读上好“文化课”。用好《党的二十大报告辅导读本》《习近平关于工人阶级和工会工作论述摘编》等辅导读本，组织集中赠书、专题读书会、红色经典诵读、线上线下新思想辅导讲座、每日金句导读等多种形式的主题阅读活动，通过打造二三条板凳、三五个职工就能开讲的“微课堂”，鼓励职工读原著、学原文、悟原理。2023年9月，福建省总工会第一时间集中赠送《习近平关于工人阶级和工会工作论述摘编》一书，实现全省4080个站点全覆盖。二是通过微宣讲上好“思政课”。组织开展“党的二十大精神在身边”全省千名劳模工匠千场“微宣讲”、“共话二十大‘驿’起向未来”党的二十大精神“声”入驿站、中国工会十八大精神进驿站、“新思想·‘心’驿站”专项行动等，充分发挥党的二十大代表、中国工会十八大代表、劳动模范工匠人才、一线职工和工会领导干部的示范带头作用，常态化蹲点驿站举办“沉浸式”“亲近式”微宣讲，把党的创新理论中的“大道理”转化成职工喜闻乐见的“小故事”，以“身边事”讲实“硬道理”。三是通过交流展示上好“互动课”。在驿站设立“新”语墙、“新”语本，收集户外劳动者学习感悟。通过读书沙龙、主题征文、知识竞答等形式，增强学习的互动性、参与度、体验感，让职工群众主动学、快乐学、有效学，营造沉浸式互动学习氛围。

（三）推广“党员‘驿’站式”主题服务，提升共建共享“家温暖”。整合各类资源手段，拓展服务功能，创新服务方式，让“小驿站”传递“大温暖”。一是“党建+”窗口服务。推动驿站成为各级工会组织开展主题党日活动、工会志愿服务、近邻党建服务的重要平台，成为新就业形态劳动者参与党建活动和工会活动的重要窗口，推动“小平台”汇聚“正能量”。莆田市11个服务站点入驻“党建+”社区邻里中心，党建元素与工会印记在服务站点实现“交融与共”。二是“公益+”管家服务。聚合社会组织的公益力量，创新探索驿站服务积分奖励制度，有效调动党员志愿者、党员义工队、社会组织、社工和新就业形态劳动者等群体共同参与驿站管理服务。福州市引入专业化“管家团队”开展蹲点式服务、流动式管理；德化县推出“积分银行”；石狮市通过设置“爱心食物银行”“惜食分享柜”等发动公益组织、爱心企业常态化免费提供食物。三是“数字+”智能服务。加强数字赋能，探索智能化服务，建设智慧型驿站，破解站点管理运行的难题。福州市通过“福州职工服务e站”微信小程序，实现e站“站点定位一键导航、服务内容一键告知、服务项目一键可查、服务质量一键测评”；厦门东浦路工会爱心驿站配备扫码智能门禁、人脸识别储物柜、人脸识别取纸、能耗动态监测系统等智能设施，实现24小时“不打烊”全天候服务。四是“民生+”工会服务。根据驿站实际拓展职工子女课后服务、交友联谊、就业帮扶、职工维权等特色化工会服务；加大零工信息收集发布力度，提高供需匹配效率，推动“临时用工找驿站，灵活就业进驿站”局面；开展“新就业形态劳动者温暖服务季”活动，面向快递员、外卖配送员、网约车司机、货车司机等开展爱“新”行动，提供骑行换电、车辆维修、护具更换、速食补给等应急服务；依托站点开展职工喜闻乐见的传统节日送祝福活动。

四、工作启示

（一）坚持让思想引领“共情”更“共鸣”。做好新时代工会思想政治引领工作，需要坚持不懈用习近平新时代中国特色社会主义思想凝心铸魂。要聚焦包括新就业形态劳动者在内的广大职工的所思所想所盼所急，以驿站等工会服务窗口为阵地，创新具有工厂、工会、工人特色的“三工”话语体系，设计内涵丰富、形式新颖、互动性强、吸引力大的宣传教育服务项目，通过强化组织引领、服务引领进一步做好思想引领，以“可亲可近可感可暖”的“沉浸式”服务体验和“春风化雨润物无声”的“浸润式”学习氛围，提升思想政治教育亲和力和针对性，激发广大劳动者对党和工会组织发自内心的思想认同、政治认同、实践认同和情感认同。

（二）坚持让思想引领“入网”更“入心”。工会阵地的覆盖范围有多广，思想引领的辐射半径就有多大。工会各类服务窗口、服务网格、服务单元是打通工会组织思想引领工作的“最后一公里”，推动新思想在劳动一线落地生根的重要“桥头堡”。要将这“最后一公里”走通、走顺、走实，就要不断提高各类工会服务阵地的政治领导力、思想引领力、群众组织力和社会影响力，营造“处处是课堂，时时受教育”的学习氛围。要推动工会服务阵地和工会思想引领工作同步“触云入网”，借助互联网“无形的翅膀”，把工会组织的服务延伸出去，进而把职工群众的共识凝聚起来。

（三）坚持让思想引领“有形”更“有感”。做好职工思想政治工作，要坚持在“虚功实做”上下功夫。要依托“有形”的载体、“有感”的服务、“有效”的方式、“有力”的举措，不断创新富有工会特色的思想引领工作载体，确保工会思想政治引领工作发挥“生命线”和“向心力”作用，让党的创新理论通过“有感可及”的工会工作，从职工“指尖”传递到职工“心间”，进一步巩固广大职工同心同德、团结奋斗的共同思想基础。

湖北省总工会：

为“三个精神”立法　在全社会营造崇尚劳动、尊重劳模工匠的浓厚氛围

扫一扫，观看案例视频

一、基本情况

习近平总书记多次强调，要大力弘扬劳模精神、劳动精神、工匠精神，并指出劳模精神、劳动精神、工匠精神是以爱国主义为核心的民族精神和以改革创新为核心的时代精神的生动体现，是鼓舞全党全国各族人民风雨无阻、勇敢前进的强大精神动力。党的二十大发出了全面建设社会主义现代化国家的动员令，湖北省正在奋力建设全国构建新发展格局先行区，更加需要广大职工和劳动群众践行“三个精神”，永远跟党走、勇担新使命，奏响新时代的劳动者之歌。

湖北省委、省政府高度重视工人阶级和工会工作，对认真贯彻落实习近平总书记重要指示精神作出具体部署，要求大力弘扬劳模精神、劳动精神、工匠精神，推进湖北技能强省战略

的实施，充分发挥劳模、工匠和优秀技能人才的典型引领作用，激发广大劳动者的创新创造热情，激励广大青年走技能成才、技能报国之路。湖北省人大常委会积极支持省总工会提请事项，纳入立法计划，强力推动落实。2023年5月25日，湖北省第十四届人民代表大会常务委员会第三次会议全票表决通过了《湖北省人民代表大会常务委员会关于大力弘扬劳模精神劳动精神工匠精神的决定》（以下简称《决定》），并于公布之日起施行。

二、准确命名

为“三个精神”立法　在全社会营造崇尚劳动、尊重劳模工匠的浓厚氛围

三、主要做法

（一）坚持高位推进，凝聚弘扬劳模精神、劳动精神、工匠精神的社会共识。2023年是全面贯彻落实党的二十大精神的开局之年，湖北省抢抓重大机遇，立足产业大省实际，首开全国先河为“三个精神”立法，是贯彻落实习近平新时代中国特色社会主义思想的具体行动，是更好组织动员广大职工投身湖北先行区建设的重要举措，是推动建设高素质产业工人大军的重要保障。《决定》在荆楚大地上发出了建功新时代、奋进新征程的宣传号召，进一步增强对广大职工群众的凝聚力、引领力，为谱写中国式现代化湖北篇章汇聚磅礴力量。

在这一重大事项决定的出台过程中，湖北省委、省政府高度重视。4 月 27 日，省委书记、省人大常委会主任王蒙徽出席 2023 年湖北省庆祝“五一”国际劳动节暨省劳动模范和先进工作者表彰大会并发表讲话，明确提出在全社会大力弘扬劳模精神、劳动精神、工匠精神。省委副书记、省长王忠林主持省政府常务会议，研究审议省劳动模范和先进工作者表彰名单，对弘扬“三个精神”作出具体要求。省委副书记诸葛宇杰审定《决定》草案稿。省人大常委会副主任、省总工会主席刘雪荣担任起草领导小组组长，参与《决定》形成的全过程。省人大和省总工会组成工作专班，共同做好《决定》草案的调研、起草、协调、征求意见及修改等工作。省委组织部等 14 个省直部门结合各自职能，积极参与《决定》的修改完善，形成了落实《决定》的工作合力。

（二）坚持全过程人民民主，充分体现人民意志、激发职工群众创造活力。弘扬和践行“三个精神”，广大职工和劳动群众是主体力量。在《决定》形成过程中，湖北省广泛征求社会各方面意见，问计于职工，充分体现人民意志，最大限度调动人民群众参与现代化建设的创造活力，不断推进中国式现代化事业的全面发展。

2022 年底，湖北省总工会在深入基层广泛调研的基础上，回应职工群众关心关切，向省人大常委会报送请示，提请出台《决定》。2023 年 1 月，省人大将作出《决定》纳入年度工作安排，写进省人大常委会工作要点。2 月，成立起草工作领导小组，由省人大社会委与省总工会组建起草工作专班，先后赴江苏、浙江调研考察，并征求省直有关部门，武汉市等地政府及其部门，各市（州、林区）人大常委会、总工会，部分大型企事业工会和部分省直产业工会，以及部分人大代表、职工代表、劳模工匠代表和相关专家意见建议。注重吸纳近年来湖北省深受职工欢迎的系列探索实践，将产业工人队伍建设改革、提高职工职业技能水平、维护劳动者合法权益等工作中探索形成的有效经验做法写入《决定》。在起草和完善《决定》过程中，坚持全过程人民民主，最大限度地吸纳汇集民意民智，确保《决定》体现人民的意志，反映人民的诉求，为增强《决定》的针对性、实效性和可操作性奠定了坚实基础、提供了有力支撑。

（三）明确重点事项，为弘扬劳模精神、劳动精神、工匠精神提供有力的支持保障。《决定》坚持以习近平新时代中国特色社会主义思想为指导，围绕贯彻落实习近平总书记关于劳模精神、劳动精神、工匠精神的重要指示，重在依法促进各级政府和社会各方面在劳动者成长和产业工人队伍建设的全过程中，大力培育、弘扬劳模精神、劳动精神、工匠精神，维护劳动者合法权益，形成尊重劳动的浓厚社会氛围。

《决定》共十一条，主要包括三个方面内容。一是明确劳模精神、劳动精神、工匠精神的科学内涵。二是规范重点促进事项，第二条至第四条，对贯彻落实全心全意依靠工人阶级的基本方针、扎实推进产业工人队伍建设改革、建设担当中国式现代化的主力军三个基础性事项提出要求；第五条至第九条，从提高职工职业技能水平、切实维护劳动者合法权益、发挥先进典型的示范引领作用、营造良好的社会氛围、完善政策制度支撑体系五个方面，强调对弘扬劳模精神、劳动精神、工匠精神的支持、保障。三是明确县级以上人大常委会监督劳动和工会领域法律法规全面实施。

（四）抓住贯彻落实重大契机，推动劳模精神、劳动精神、工匠精神在荆楚大地蔚然成风。《决定》公布后，《湖北日报》专版全文刊发，并发表省人大社会建设委员会和省总工会负责人的署名文章，对《决定》进行解读，结合工作实际提出贯彻落实举措。湖北省总工会召开专题座谈会，对学习宣传贯彻工作进行再部署再推进。2023 年 5—6 月，《决定》迅速在湖北各地和网络平台上引发强烈反响，来自各行各业的一线职工、劳动模范、工匠人才通过各种形式和途径学习原文、交流体会、畅谈打算，纷纷表示要立足本职岗位、践行“三个精神”，当好新时代的主力军。

各级工会组织迅速传达贯彻学习，走进企业、走进社区、走进一线，向广大职工群众宣传宣讲《决定》的主要内容。武汉市开通“劳模号”地铁专列，在重要路段楼盘打造主题灯光秀；襄阳市打造“一街（劳模街）、一路（工匠路）、一车（勤廉车）、一室（流动劳模创新工作室）”；宜昌市五一劳动广场建成揭牌、数字劳模工匠馆正式上线；恩施州开通首条“劳模号”公交专线；东风公司打造劳模停车位，学习劳模、崇尚劳动、尊重创造在荆楚大地掀起滚滚热潮。

四、工作启示

一石激起千层浪，“三个精神”立法取得了多方良好效果。一是工人阶级主人翁地位更加凸显。《决定》贯彻落实全心全意依靠工人阶级基本方针，进一步强化和重申工人阶级主人翁地位，完善制度激励措施，为广大职工和劳动群众建功先行区、奋进新征程提供了更加有力的法治保障。二是崇尚劳动尊重劳动者的氛围更加浓厚。《决定》旨在推动全社会深化对劳动的认识，促进劳动最光荣、劳动最崇高、劳动最伟大、劳动最美丽蔚然成风。《决定》出台后全网广泛传播，舆论普遍关注，引发热烈讨论，形成热点话题，极大促进了“三个精神”深入人心，在荆楚大地落地生根。三是做好职工思想政治引领工作更有动力。劳模精神、劳动精神、工匠精神既是中国共产党人精神谱系的重要组成部分，也是新时代工人阶级最闪亮的精神标识。湖北省为“三个精神”立法，是最广泛、最鲜活、最有力的思想引领，全省各级工会通过建实体、搞宣讲、办活动，积极争创弘扬“三个精神”工作品牌，抓手更加丰富、活力更加迸发，形成了比学赶超的良好工作局面。我们深刻认识到，做好新时代职工思想政治工作，必须持续把“三个精神”转化为全省职工奋进新征程的不竭动力，坚持做到以下几个方面。

（一）要围绕凝心铸魂，更大力度强化职工思想引领。坚持用习近平新时代中国特色社会主义思想教育职工，用社会主义核心价值观感染职工，用劳模精神、劳动精神、工匠精神引领职工，教育引领职工坚定拥护“两个确立”，坚决做到“两个维护”，筑牢团结奋斗的思想根基，让劳动光荣、创造伟大成为铿锵的时代强音。

（二）要聚焦中心大局，更广领域组织职工建功立业。深入开展双“百千万”劳动和技能竞赛，组织开展“工友杯”全省职工创业创新大赛，广泛开展群众性经济技术创新活动，团结职工在融入和服务中国式现代化进程中充分发挥工人阶级主力军作用，在经济发展主战场、科技创新最前沿、社会治理最末端各尽所能、各展所长。

（三）要扛牢牵头责任，更实举措锻造荆楚产业大军。联合各有关方面落实产业工人思想引领、建功立业、素质提升、地位提高、队伍壮大等措施，畅通发展通道，依法保障权益，动员广大产业工人在“建成支点、走在前列”新征程中充分发挥主力军作用，为湖北省加快建设全国构建新发展格局先行区提供更有力的人才支撑。

（四）要强化基本职责，更暖情怀服务职工群众。坚持以职工为中心的工作导向，切实履行工会维权服务基本职责，深入开展“建会建家·共同缔造”行动，持续唱好工会四季歌，为广大职工提供普惠性、常态性、精准性工会服务，让职工群众真正感受到工会是职工之家，工会干部是最可信赖的“娘家人”。

四川省总工会：

坚持提升“四度” 推动党的创新理论宣传宣讲“飞入寻常百姓家”

扫一扫，观看案例视频

一、基本情况

2019 年 11 月，四川省总工会成立四川省劳模工匠宣讲团，逐步培养吸纳了 70 名全国、省级劳模和先进工作者，全国、省级五一劳动奖章获得者，全国、省级五一巾帼先进标兵，大国工匠、四川工匠等优秀职工代表，以及部分专家学者、一线优秀职工等作为宣讲员，带动全省 21 个市（州）总工会和部分产业、企业集团（公司）工会分别组建劳模工匠宣讲团，全省劳模工匠宣讲员共计超 2000 人。2021 年 4 月，宣讲团成员刘传健、其美多吉获邀加入全总劳模工匠宣讲团，参加了在全总机关举办的全国工会劳模工匠宣讲活动首场报告会，讲述了他们的奋斗故事。2022 年，省劳模工匠宣传团被纳入省委主题宣讲团分团，围绕学习宣传贯彻党的二十大、省第十二次党代会和省委十二届二次全会精神，组织开展“千人千进”“四讲六进百县千企”主题宣传宣讲活动。2023年，省劳模工匠宣讲团开展示范宣讲20场，带动各级工会组织劳模工匠宣讲员4000余人次开展宣讲活动2500余场，开展“劳模工匠进校园”活动130余场，触达职工1500余万人次，持续推动党的创新理论入脑入心。

四川省劳模工匠宣讲团成立至今，省本级开展示范宣讲120余场，全省各级工会累计开展主题宣传宣讲5000余场，覆盖职工超5000万人次。

二、准确命名

坚持提升“四度” 推动党的创新理论宣传宣讲“飞入寻常百姓家”

三、主要做法

（一）以一当百，提升主题宣讲“主体”专业度。一是严把对象关，精挑细选成员。规范劳模工匠宣讲员准入标准及程序，在各级工会层层选拔推荐的基础上，采取座谈、试讲等多种形式，严格审核筛选。二是严把质量关，专家跟踪指导。邀请10余位在政治理论、语言艺术、形象展示等领域卓有建树的专家，组建专家指导组，加强宣讲稿件打磨、宣讲技巧培训、整体形象提升等多方面的全程跟踪指导，累计开展指导培训220余次，确保及时将党的创新理论播撒到巴蜀大地。三是严把出口关，实行动态管理。对劳模工匠宣讲团成员实行动态调整，根据参与场次、现场效果、职工反响等，进行实时调整和补充，目前省有包括“英雄机长”刘传健、“雪路信使”其美多吉等在内的先进典型 70 人。

（二）以小见大，提升主题宣讲“内容”粘连度。一是小切口折射大主题，旗帜鲜明讲好党的创新理论。聚焦党的二十大精神和习近平新时代中国特色社会主义思想，集中宣讲党的创新理论，坚定用以武装职工头脑，更好统一思想、统一意志、统一行动，用劳模工匠学思践悟的政治自觉，引导职工坚定拥护“两个确立”、坚决做到“两个维护”。二是小环境诠释大形势，导向鲜明讲清大好前景。准确把握习近平总书记来川视察重要指示精神和省委全会精神的丰富内涵、核心要义和实践要求，重点宣讲习近平总书记为四川擘画的高质量发展新蓝图，用劳模工匠服务大局的卓越成效，引导职工奋力推动习近平总书记重要指示要求落地生根、开花结果。三是小故事洞见大方向，主题鲜明讲透“三个精神”。以“中国梦·劳动美”“强国复兴有我”等为主题，以习近平总书记关于工人阶级和工会工作的重要论述、中国工会十八大精神等为主线，大力宣讲劳模工匠立足岗位的生动实践，用劳模工匠的先进经验、典型事迹、感人故事和卓越贡献，传递劳模工匠强烈的主人翁意识、忘我的劳动热情、良好的职业道德，引导广大职工内化于心、外化于行。

（三）以点带面，提升主题宣讲“呈现”完整度。一是要素整体联动，全程一体化呈现。针对每场宣讲不同主题、不同受众，甄选宣讲人员、调整宣讲语系、布置现场氛围、严格细节把控，一体化落实执行导演、宣讲人员、观众组织、氛围营造、宣传物料等全要素保障，确保主题针对性强、观众接受度高、宣讲实效性好。二是系统上下联动，全省一盘棋成势。四川省劳模工匠宣讲团每年开展示范性宣讲，通过典型引领，带动全省 21 个市（州）总工会和部分产业、企业集团（公司）工会分别组建劳模工匠宣讲团，全省劳模工匠宣讲员共计超 2000 人，2019 年成立至今，累计开展主题宣传宣讲 5000 余场，省本级开展示范宣讲 120 余场。三是线上线下联动，织密一张网见效。推动线上线下宣讲融合发展，目前，省劳模工匠宣讲团线下宣讲全部通过中工网、中国网、四川工会视频号等在线直播，并带动基层工会宣讲开展同步直播。通过录制“云”端课堂、“云”端劳动说、匠心致初心宣讲视频等开展线上宣讲，制作线上专题，实现 7×24 小时常效宣讲。

（四）以简驭繁，提升主题宣讲“影响”美誉度。一是积极争取支持，从“独自为阵”到“统一战线”。2022 年，积极争取省委支持，首次将劳模工匠宣讲团纳入学习贯彻党的二十大精神、省委十二届三次全会省委宣讲团特别分团，正式纳入省委主题宣讲，全省开展“千人千进”“四讲六进百县千企”等系列宣讲活动 3000 余场，覆盖职工超 2000 万人次。二是积极创新思路，从“标准模式”到“私人定制”。根据职工需求，通过专题讲座、集中授课、互动交流、视频录制等方式，开展对象化、分众化、互动化宣讲，将不同类型的宣讲课堂送到车间班组、建设工地、校园讲堂、两新组织、网站云端，让职工群众愿意听、随时听、听得懂、能领会、可落实。三是积极跳起摸高，从“单一项目”到“形成品牌”。统一视觉识别系统，设计宣讲团 Logo 并广泛应用。邀请全总宣传教育部领导通过视频致辞走进宣讲活动。推荐宣讲团成员刘传健、其美多吉加入全总劳模工匠宣讲团，参加全国工会劳模工匠宣讲活动。组织宣讲员参与全国职工宣讲比赛获铜奖，省总工会获优秀组织奖。开辟四川省劳模工匠宣讲团专题页面，各级媒体累计报道2000余篇，吸引1700余万网友关注点赞，触达量过亿。

四、工作启示

（一）规范化建设。成立之初，专门制定《四川省劳模工匠宣讲团组建方案》，明确以习近平新时代中国特色社会主义思想为指导，成立由省总工会党组书记、副主席担任组长的领导小组，规范宣讲员准入标准及程序，在各市（州）总工会、各产业（局）、企业集团（公司）工会层层选拔推荐的基础上，省总工会采取座谈、试讲等多种形式，严格审核筛选。

（二）专业化管理。通过深入挖掘和整理宣讲员典型事迹、特聘专家一对一指导、加强日常备课、组织学习培训、开展研讨交流、组织主题宣讲、优化工作管理、明确经费保障等方式，切实加强对宣讲团的日常管理。

（三）标准化执行。从宣讲员的选择到活动流程的确定，从海报设计制作到活动现场布置，从宣讲稿打磨到宣讲前培训，每一个细节都按照统一标准落地落实。每场宣讲活动都设置了签到台，摆放了宣讲员海报、展示台、合影板等宣传物料，营造了热烈的现场氛围，确保了效果和质量的统一。

（四）常态化开展。持续开展进企业、进车间、进班组、进校园、进课堂等线下宣讲，同时，通过录制“云”端课堂、“云”端劳动说、微视频等线上宣讲视频，打破时间和地域限制，实现 7×24 小时常效宣讲。

（五）品牌化运作。将拼搏进取的工人形象与中国工会标识相结合，设计、统一了宣讲团视觉识别系统，广泛应用到宣讲背景、宣传物料等，让宣讲团在职工群众中形成深刻形象记忆。大力组织中央在川主流媒体、省级主流媒体宣传报道宣讲活动及宣讲员典型事迹，形成强烈社会反响，得到社会认同，扩大社会影响。

陕西省总工会：

持续开展“三忆”教育活动 着力打造职工思想政治引领新模式

扫一扫，观看案例视频

一、基本情况

随着经济社会快速发展，社会主要矛盾发生变化，职工队伍结构深刻调整以及互联网文化对职工思想的冲击，都给新时代职工思想政治教育工作带来诸多问题和挑战。为适应新的形势和情况，陕西省总工会积极探索新方法新路径，从学习党史、新中国史、改革开放史以及工运发展史中汲取营养，借鉴解放战争时期西北野战军“诉苦三查”经验做法，从 2018 年开始连续五年在全省职工中开展了“三忆改革发展史 不忘初心感党恩”“学党史、感党恩，我与祖国共成长”“学四史、讲三忆、感党恩，坚定中国特色社会主义制度”等主题教育活动，以讲“我”的故事的创新形式，通过小视角折射大历史、小故事折射大变化、小切口折射大命题，激发了各个年龄段尤其是“90后”青年职工们“与祖国共成长”的“与有荣焉”自豪感，在引导广大职工听党话、感党恩、跟党走方面取得了重大成效，得到陕西省委的充分肯定。

2021年“三忆”活动入选全国总工会《主题宣传教育优秀案例集》，2022年在全国工会宣传教育工作会议上以《推进党史学习教育常态化 着力打造职工思想政治引领工作新模式》为题进行经验交流。2023年，陕西省总工会被省委宣传部评为全省思想政治工作先进单位。

二、准确命名

持续开展“三忆”教育活动 着力打造职工思想政治引领新模式

三、主要做法

（一）工作推动有力度，把“三忆”活动融入全省思想政治教育总体部署。“三忆”活动让职工结合学习党史书籍、观看红色影视剧、阅读经典文学作品，结合国家取得的历史性伟大成就、企业改革发展变化、家庭生活状况变迁，结合本地区、本行业精神（延安精神、梦桃精神、西迁精神、兵工精神、巴山精神等）的传承弘扬，结合职工个人入队、入团、入党、求学、工作的成长经历等为具体内容，通过讲述亲身经历、所见所闻、所思所感，深刻感悟建党百余年、中华人民共和国成立七十余年、改革开放四十余年以来国家、社会、人民日新月异的变化，增强职工群众对主流意识形态的认同。陕西省总工会将“以回顾五四运动以来，建立中国共产党、成立中华人民共和国、推进改革开放和中国特色社会主义事业这三大历史性事件为脉络，开展学习‘四史’系列活动；以1978年改革开放到邓小平南方谈话、到党的十八大召开前、到进入中国特色社会主义新时代为阶段，组织产业工人用个人成长经历和家庭变化讲好改革开放故事”列入陕西省委省政府《关于加强和改进新时代产业工人队伍思想政治工作的若干措施》中，作为各次主题教育的重要抓手，为工会系统深化开展“三忆”活动提供了强大的动力和支撑。

（二）活动对象有广度，让各行各业、不同年龄段的职工参与其中。“三忆”活动坚持以职工为本，采取“工会主席带头讲、劳模先进示范讲、一线职工人人讲”的方式，重点聚焦新就业形态劳动者、农民工、青年职工等群体，借助座谈会、班组会、荣休会等平台，广泛举办小型“故事会”，通过每位职工切身经历的讲述，展示改革开放40年的光辉历程、伟大成就和宝贵经验，特别是展示党的十八大以来改革开放和社会主义现代化建设取得的历史性成就、党和国家事业发生的历史性变革，用真人真事真情感染人、影响人、激励人，进一步激发广大职工作为改革开放的见证者、参与者和建设者的自豪感，积极争做新时代的奋斗者。这一“零门槛”活动让每一位职工参与其中，使不同年龄阶段、不同经历的职工互相感染启发，从内心产生“中国共产党为什么能、马克思主义为什么行、中国特色社会主义为什么好”的共鸣。讲者激情，听者动容，是“三忆”活动的一个缩影。一条新裤子的故事，让讲述者瞬间成长，理解父母劳作的艰辛；一只大木箱，装满了水电人奋斗的青春记忆，成为他们不愿舍弃的家当；一天300元的工资，还能按时打入工资卡，展示了新时代农民工兄弟的幸福与自信……大家纷纷表示，要加倍珍惜今天所拥有的一切，激发了各个年龄段尤其是“90后”青年职工“听党话、跟党走”的自豪感。

（三）创新拓展有维度，多点发力扩展延伸“三忆”活动教育成果。坚持因地制宜、与时俱进，不断创新载体、丰富形式，整合资源和手段，最大限度释放“三忆”活动的活力和潜能。从室内走向室外，积极发掘工会系统红色资源，构建省市县三级职工思想政治教育基地体系，遴选出赵梦桃纪念馆、西安劳模精神展示馆等一批职工思想政治教育基地，开展“弘扬革命传统 传承红色基因”党史学习教育实践分享活动。从幕后推向舞台，利用文艺轻骑兵进基层活动平台，编排了庆祝中国共产党成立100周年党史学习分享晚会、红色歌舞剧《南泥湾》，专门编发了总计44页2万余字图文并茂的党史分享册，让职工在观赏文艺节目的同时学习党史知识。从后台推向前台、讲台，通过开展“学四史、讲三忆、不忘初心感党恩”“与共和国同行”主题阅读和“重温入党申请——给党说句心里话”征文活动，举办全省职工红色经典诵读及讲书人大赛，组建陕西职工宣讲团开展三秦最美职工、抗疫先进事迹报告会和劳模工匠进校园活动，吸引更多职工参与，在更大范围产生互动和共鸣。

（四）活动始终有热度，营造良好的社会氛围进一步调动各级工会组织的参与热情。充分利用工会系统“报网端微刊”以及中省主流媒体，对“三忆”活动“让职工从被动接受到积极登台讲述影响别人”“从在个别行业开展到各行各业开展”“从满足中老年职工到不同年龄职工群体”以及接地气、零门槛的鲜明特征和典型案例进行了全方位宣传，营造了浓厚的活动氛围，掀起了活动高潮。新华社内部参考以《陕西省总工会创新教育形式激励职工立新功》为题进行报道，《陕西日报》在头版头条刊发了《深情感念党恩 践行初心使命》的典型经验，《让职工把爱党爱国之情“讲”出来》被人民网等主流媒体转载，《陕西省总工会创新学习形式推进党史学习教育深入基层、深入职工、深入人心》被全国党史学习教育官网转发，推动扩大了活动的影响力和覆盖面，受到了陕西省委党史学习教育巡回指导组的高度肯定。5年来，陕西11个市（区）和8个省级产业工会连续累计开展“三忆”活动2万余场次，5万余位工会主席带头讲述、2000余位劳模工匠示范讲述、10万余名一线职工参加讲述，影响带动超过300万职工参与其中，并将“三忆”活动拓展到“一带一路”沿线的陕西企业当中，让职工思想政治教育工作落到了实处，起到了实效。

四、工作启示

（一）必须高举中国特色社会主义伟大旗帜，牢牢把握职工思想政治工作的政治性。坚持以习近平新时代中国特色社会主义思想为指导，把理想信念教育作为核心内容，在广大职工中坚持不懈地开展党的创新理论、方针政策、党史新中国史宣传教育，坚持不懈地开展爱国主义、集体主义、社会主义和艰苦创业精神教育，坚持不懈地开展伟大民族精神和时代精神教育，引导广大职工群众树立和发展中国特色社会主义的共同理想，树立正确的世界观、人生观、价值观，自觉践行社会主义核心价值观。

（二）必须坚持守正创新，牢牢把握职工思想政治工作的先进性。职工思想政治教育必须服从服务于党和国家工作大局，主动融入各类宣传工作中，通过工会媒体矩阵，不断扩大其引导力、影响力、公信力。要开展接地气、零门槛的主题教育活动，以小视角折射大历史、小故事折射大变化、小切口折射大命题，由自上而下的灌输式教育变成多向互动式交流，提升思想政治教育的吸引力，引导广大职工自觉树立正确的历史观、民族观、国家观、文化观。要充分运用先进典型的模范事迹引导、激励广大职工群众，用真人真事真情吸引人、感染人、熏陶人。要加强网上职工思想文化阵地建设，培育积极健康、向上向善的网络文化，引导职工通过网络聚集正能量、争当好网民。要主动打造健康文明、昂扬向上、全员参与的职工文化，在潜移默化中以文化人，以文育人，把显性教育与隐性教育相结合，切实增强职工思想政治工作的实效性。

（三）必须坚持以职工为中心，牢牢把握职工思想政治工作的群众性。要始终坚持以职工为本，树立群众观念，在思想上尊重职工、情感上贴近职工、工作上依靠职工，结合职工群众的行业特点和年龄结构，变灌输式教育为启发式引导，把宣传教育职工群众与职工群众自我教育相结合，激发职工群众主体力量，切实让职工群众成为思想政治教育的主体和主角，将职工群众内心的渴望与时代主题紧密相扣，进一步扩展职工思想政治工作的对象，更加关注农民工、非公企业职工、新就业形态劳动者群体，努力扩大、提升职工思想政治教育的覆盖面和针对性。

优秀案例篇

中国兵器内蒙古第一机械集团有限公司：

创建“333 工作法”
奏响新时代产业工人永远跟党走主旋律

扫一扫，观看案例视频

一、基本情况

习近平总书记指出，建设知识型、技能型、创新型劳动者大军，弘扬劳模精神和工匠精神，营造劳动光荣的社会风尚和精益求精的敬业风气。中国兵器内蒙古第一机械集团有限公司（以下简称“一机集团”）认真学习贯彻习近平总书记重要指示批示精神，不断加强和改进职工思想政治工作的体制机制，强化主流思想舆论引导，大力弘扬劳模精神、劳动精神、工匠精神，激励广大职工建功立业，营造尊重劳动、崇尚劳动的浓厚氛围。

一机集团这个有着近 70 年发展历史的共和国长子，伴随着共和国成长，走过了从无到有、从小到大、从弱到强的艰苦历程，由成立之初的单一坦克厂，成长为今天军民融合、轮履结合、轻中重结合、车炮一体的现代化企业集团。一代代一机人传承“把一切献给党”的人民兵工精神和“敢于担当、善于攻坚、勇往直前、永争第一”的战车精神，坚持发展依靠职工、发展为了职工，写就齐心协力建设幸福家园、追求美好生活的精彩篇章，展现出履行强军首责、推动高质量发展、建设世界一流企业的坚定决心和信心。一机集团 5 次获全国五一劳动奖状，先后被授予全国文明单位、军工文化建设示范单位、全国安全文化建设示范企业、全国职工职业道德建设标兵单位、全国模范劳动关系和谐企业、全国用户满意企业，中央企业先进基层党组织标杆等荣誉称号。

近年来，一机集团坚决贯彻习近平总书记关于新时代产业工人队伍建设改革重要论述精神，围绕落实自治区党委人才强区战略和兵器集团人才强国、人才强军战略，着力打造技能型、知识型、创新型高素质技能人才队伍，形成了一支以 1 名大国工匠、4 名中华技能大奖、28 名全国技术能手、17 名中国兵器首席技师和中国兵器关键技能带头人、百余名省部级技术能手为核心的高技能产业工人队伍，有力支撑国防装备现代化建设和地方经济社会高质量发展。特别是焊工卢仁峰当选 2021 年“大国工匠年度人物”，更加激发了广大职工奋进新征程、建功新时代的责任感使命感，更加坚定了广大职工技能成才、技能强军、技能报国的信心和决心。

二、准确命名

创建“333工作法” 奏响新时代产业工人永远跟党走主旋律

三、主要做法

立足新时代，一机集团着眼兵器工业未来发展对职工队伍整体素质提升的迫切需要，继承发扬“把一切献给党”的人民兵工精神，积极探索创建“333工作法”，努力营造尊重劳动、崇尚劳动的浓厚氛围，让劳模精神、劳动精神、工匠精神成为广大职工群众的职业操守和价值追求，汇聚起建功新时代的强大内生动力，奏响新时代产业工人永远跟党走主旋律。

（一）坚持三个始终，以坚定理想照亮奋进之路。一是始终坚持政治引领。始终坚持以贯彻落实习近平新时代中国特色社会主义思想、党的二十大精神引领广大职工践行初心使命。健全完善贯彻落实习近平总书记重要指示批示精神学习领会、责任分解、落实落地、督查督办工作机制。聚焦习近平总书记致首届大国工匠创新交流大会贺信、习近平总书记关于工人阶级和工会工作的重要论述、习近平总书记关于注重家庭家教家风建设的重要论述等，通过学习会、座谈会、培训班、宣讲演讲、“一机智慧工会”等形式，深化对习近平新时代中国特色社会主义思想的学习阐释、教育引导和舆论宣传，让广大职工在思想上、政治上、行动上始终同以习近平同志为核心的党中央保持高度一致。五年来，开展集中学习研讨1200余次、宣讲座谈会360余场，引导广大职工听党话感党恩跟党走。

二是始终坚持体系化推进。大力弘扬劳模精神、劳动精神、工匠精神，举办劳模工匠座谈会、大讲堂和主题报告会，开展咱们工人有力量、致敬劳动者等主题活动260余场次，打造劳模工匠教育基地，营造尊重劳动、尊重创造、尊重技术、尊重人才的浓厚氛围。“大国工匠”年度人物卢仁峰、党的二十大代表赵晶等劳模工匠到基层、到一线宣讲。以“劳动颂歌”宣讲团为引导，动员组织劳模工匠、先进人物、道德模范和一线职工代表进车间、进班组，以职工群众听能懂、能领会、可接受的方式，阐释劳模精神、劳动精神、工匠精神，引领带动广大职工群众学先进、比先进、做先进，大力营造劳动光荣的社会风尚和精益求精的敬业风气，覆盖职工3万余人次。

三是始终秉承人民兵工精神。一机人以“敢于担当、善于攻坚、勇往直前、永争第一”的“战车精神”，在我国坦克装甲史上谱写了辉煌的篇章。立足新时代，一机集团在充分调研和继承发扬传统兵工文化基础上，按照“总体设计、全面规划、突出重点、分步实施”的总体要求，对企业文化进行融合与创新，打造了与新时代发展要求相契合的以“铁心向党、铁肩担当、铁甲奔流、铁柔相济”为内核的铁骑文化，有力引领和保障世界一流特种车辆研发制造集团建设，在推动企业履行政治责任、经济责任和社会责任上取得了显著成效。一代代一机人铸就了“忠诚、专注、创新、奉献”的“一机工匠”精神，成为“践行初心使命、技能强军报国”的坚强力量。在高标准高质量完成阅兵装备保障、“坦克两项”国际军事竞赛等重大政治任务中荣获党中央、国务院、中央军委“重大贡献奖”，以卓绝的业绩践行“四个意识”，做到“两个维护”。

（二）强化三个突出，体系化夯实“尊重劳动”之基。一是突出构建“以人为本、发展共享”机制。始终践行以人民为中心的发展思想，坚持尽力而为、量力而行，着力解决职工群众的操心事、烦心事。通过职工代表提案、调查研究、合理化建议和“开门纳谏”等方式，听民声、察民意、访民情，对职工群众反映的问题，实行分流派单制，确保责任单位和部门高效办事，做到“民有所呼，我有所应；民有所求，我有所为”。

二是突出弘扬“技能成才、技能报国”精神。大力选树、宣传高技能产业工人先进事迹，激励广大职工将个人价值追求主动嵌入“中国梦、强军梦”伟大梦想。通过推荐优秀技能人员获得大国工匠、北疆工匠、包头工匠、劳动模范等称号，当选人大代表、政协委员、职工代表等，进一步增强技能人才政治荣誉感和使命感。以名字命名特色工作法，如“卢仁峰短段双向减应力焊接操作法”“张学海高精度锉削操作法”，使敬业奉献的高技能人才“名利双收”。

三是突出抓好职工维权关爱机制。五年来，一机集团常态化推进“我为群众办实事”活动，从集团层面和各单位层面双向发力，解决困难问题或办好事实事 824 件，职工人均工资连续 5 年保持不低于 20% 的增长，固废堆场、生产线焊接烟尘等环境治理项目按标准完成，职工住宅产权证问题，职工子女“入园难”“入园贵”问题，大学生公寓条件差问题得到妥善解决。唱好“春送祝福、夏送清凉、金秋助学、冬送温暖”四季歌，每年帮扶慰问投入300余万元，2021年被授予兵器集团困难职工帮扶先进单位。

（三）抓好三个平台，以素质提升实现职业精彩。一是抓好“匠心杯”职业技能竞赛平台。创新职工职业技能竞赛模式，构建上下贯通、内外衔接的“岗位练兵+技能竞赛”赛训练一体化体系，健全竞赛长效机制，通过以赛代训、竞赛比武等方式，让更多优秀青年技能人才脱颖而出。每年开展通用工种、独有工种技能竞赛20余项，两级技能竞赛项目70余项，参与职工超过1万人次。通过技能竞赛平台涌现出以大国工匠年度人物卢仁峰、党的二十大代表赵晶、中央企业劳模张学海为代表的一大批蓝领专家和高技能人才，13名职工通过技能竞赛荣获“全国技术能手”称号。

二是抓好创新工作室成果转化竞赛平台。公司现有全国示范性劳模创新工作室1个、国家级技能大师工作室6个，自治区劳模（职工）创新工作室4个，包头市级劳模（职工）创新工作室6个，三年累计完成400多个创新项目，为企业高质量发展注入了澎湃创新动力。2023年公司“特种车辆研发制造工作室联盟”被自治区总工会授予创新工作室联盟。工作室联盟把“一人之力”变为“众人之力”，让“一人之智”变成“众人之智”，围绕特种研发制造开展体系研发、课题研究、成果转化和技术攻关，完成项目 337 项，签订师带徒协议 164 份，48 名徒弟在各级技能比赛中取得优异成绩。

三是抓好职业技能提升创新竞赛平台。以工艺技术协同创新、特色操作法、管理创新、精益改善等为主要内容，通过“点题、选题”相结合的方式，广泛开展创新竞赛。五年来，有 30 余项成果获省部级以上表彰，“全密闭惰性气氛条件下钛合金人机协同高效高质焊接技术”创新项目获 2022 年兵器工业集团工艺技能协同创新一等奖，“大型铝合金雷达 X 骨架制造”创新项目获得 2023 年度全总职工创新补助资金 20 万元。

四、工作启示

“333 工作法”的实施，更加凝聚起广大职工立足新时代献身国防、献身兵工、献身一机的磅礴力量。近年来，公司在军品科研生产任务中屡创新高，在国家重点工程建设、阅兵服务保障等重大工程上承担着最多、最艰巨任务。但无论任务如何艰巨复杂，一机集团始终坚持党和国家利益至上，心系大局、勇于担当，传承“把一切献给党”的人民兵工精神，高质量完成艰巨重任。现如今，劳模精神、劳动精神、工匠精神已成为一机集团广大职工群众的职业操守和价值追求，为有力保障武器装备研制生产和重大科技专项工程任务实现，提供不竭精神动力和强大思想保障。

中国第一汽车集团有限公司：

数智赋能职工美好生活需要
凝聚起打造世界一流汽车企业的强大力量

扫一扫，观看案例视频

一、基本情况

党的二十大报告中对增进民生福祉、提高人民生活品质作出重要部署：必须坚持在发展中保障和改善民生，鼓励共同奋斗创造美好生活，不断实现人民对美好生活的向往。强调加快建设网络强国、数字中国。近年来，中国一汽坚持以习近平新时代中国特色社会主义思想和党的二十大精神为指导，坚持以人民为中心的发展思想，认真落实党中央、国务院《关于新时代加强和改进思想政治工作的意见》和中办、国办印发的《关于加强和改进新时代产业工人队伍思想政治工作的意见》要求，积极发挥工会作为党联系职工群众的桥梁纽带作用，主动适应新时代职工群众需求变化和数字化智能化技术发展，倾力打造新时代职工快乐工作、美好生活新生态，促进企业健康可持续发展。

二、准确命名

数智赋能职工美好生活需要 凝聚起打造世界一流汽车企业的强大力量

三、主要做法

（一）打造“员工心声吧”数智沟通平台，构建网格化穿透式民主沟通网络。积极推动数智化沟通平台建设，聚焦解决员工多样化、个性化需求精准发力，构建三级穿透式民主网络渠道，充分保障员工知情权、参与权、表达权和监督权。

一是创新求变，数智转型，搭建诉求线上管理平台。运用数字化管理方式，建成“员工心声吧”数智服务平台，下设“高管直通车”“乐问红旗”“乐问总院”“建言与分享”“吐槽与投诉”五大业务板块。员工可以通过实名或匿名的方式提出事关切身利益和企业发展的各种意见建议，按类别实行条块管理分配至具体业务部门答复响应并立项推进，不断改善员工生产和生活环境。

二是加强领导，部门协同，建立规范化运行管理机制。工会牵头组建工作机构，办公室、人力资源部等部门协同管理，对平台进行信息监测和运行管理，形成问题清单日报。工会对各部联络员进行网格化管理，规范发帖、引导回帖、督促问题30分钟之内对接、答复和解决。制定《集团公司“员工心声吧”管理办法》，建立“问题梳理—答复解决—督办跟踪—定期发布—权威发布—结果应用”工作循环机制，确保员工需求实时、高效解决，接受全员监督。

三是固化方法，拓展应用，实现集团民主渠道全覆盖。“员工心声吧”已成为员工卸包袱、倒委屈、讲实情的心灵驿站，引导员工情绪向积极、健康的方向转化。将其管理方法和工作体系拓展至各级工会组织，从总部员工延伸到各级单位车间班组。一汽—大众“1+3+N”沟通渠道，一汽丰田职代会方针会一体化运作，铸造公司员工参事制度，红旗制造中心“员工信息回声卡”，其他单位通过员工热线、主席接待日等方式，及时回应员工关切，实现集团13万名员工全覆盖。

（二）打造“三卡一网”数智服务平台，不断满足职工群众美好生活需要。聚焦员工自身成长、创新提能、身心健康和生活服务等关注关切精准发力，创新打造“三卡一网”服务员工数字平台，探索出线上线下有机融合、迭代更新的职工服务之路。

一是打造“员工成长关心卡”，赋能员工成长成才。帮助员工清晰职业生涯发展方向，在线开展有针对性的赋能、培训，助力员工成长成才，包括成长印记、我在进步、为我加油三大模块。“成长印记”模块包含两项功能（功能1：闪光足迹，记录员工向前路上每一步成长的脚印；功能2：C位光环，为在奋斗的圈子里优秀的伙伴们点赞加油）；“我在进步”包含两项功能（功能1：成长树，画出员工的职业生涯树，指导员工制订年度个人职业发展计划；功能 2：成长梯，员工可随时约聊 HR、管理、技术大咖释疑解惑）；“为我加油”包含两项功能（功能 1：HR 头条，实时推送员工关注的战略规划、HR 政策、业务动态等资讯；功能 2：知识胶囊，共享好课、好书资源，引导员工自我学习成长）。

二是打造“职工创新关切卡”，激发员工创新活力。职工创新卡主要包括员工创意、岗位创新、工匠创新、全员 EGC 和红旗微店五大功能模块。员工创意专区，通过创新社交互动、创意成果数智化管理、创意积分奖励和创意勋章管理，创建“一站式、多维度”员工创新生态服务空间，激励员工随时随地迸发创意灵感。岗位创新专区，紧密围绕质量、成本、效率持续改进改善，搭建员工立足岗位创新创造的实时在线服务平台，为员工提供从创新项目实施、政策支持激励到优秀成果推广应用的 360 度数智化服务。工匠创新专区，为工匠创新项目申报、技术攻关、效益评估、专利申请、成果推广等环节提供数据支撑和“贴身”服务，构建工匠创新全过程数智化“生态链”，提升工匠创新实效。全员 EGC 专区，聚合员工、主动传播，打造集媒体管理、内容生产、分发传播、线索收集为一体的传播管理平台，激励全员宣传一汽、宣传红旗。红旗微店专区，通过数智赋能手段形成一个个直面市场和用户的“小微企业”，打造集传播、销售、社交于一体的数智化营销平台，增强全员微店营销积极性，提升红旗销量。

三是打造“员工健康关爱卡”，愉悦员工身心健康。通过设立体检档案管理、运动打卡积分、营养健康指导等功能，为员工提供个性化健康指导，系统地管理身心状态。健康关爱卡分线上、线下两部分，线上包含健康广场、运动空间、营养沙龙三个模块、九项主要功能。健康广场含健康扫描、健康快线、内心探索、贴心呵护四项功能。管理身心健康，通过体检数据、在线医生、心理测评等方式，使员工进一步了解和管理自己的身体状况。运动空间含运动令牌、运动相约、运动宝典三项功能，督促运动锻炼，通过预约系统、完成任务、积分兑换，激励员工加强锻炼。营养沙龙含营养有一套、燃烧卡路里两项功能。通过推送文章分享，计算能量消耗，使员工了解健康和营养知识。线下包含健康顾问、医疗室服务两个功能，通过为员工提供贴心的面对面服务，加强员工自助，配备血压监测等仪器，及时发现员工健康问题，达到改善员工健康状况的目的。

四是打造“员工生活关怀网”，一键乐享便捷服务。生活关怀网包括便捷生活、快乐生活、生活帮扶三大模块。便捷生活分设“特惠商超”“特惠团购”“积分兑换”三项功能。建立专属电商平台，为员工提供物美价廉的商品。设立“领导奖励积分”“慰问专区兑换”“积分商城”等专栏，实现员工积分获取及兑换。快乐生活分设“协会趣吧”“运动约吧”“员工秀吧”“婚恋交友”四项功能。为员工组织开展各类文体活动、创建或发起运动邀约、展示自我风采、婚恋交友等搭建线上平台。生活帮扶模块分设“困难帮扶”“大病救助”“关爱互助”“子女助学”四项功能。实现申请、审核、帮扶等线上快速办理，提升帮扶时效性，解决员工实际困难。

（三）发挥数智平台服务优势，全力构建企业发展和员工成长命运共同体。“三卡一网”服务员工数字平台从“建起来”到“用起来”“管起来”，实现了员工关爱服务工作的在线化、场景化，破解了员工服务工作中的难点、堵点、痛点问题，取得了显著成效，主要体现在以下四个方面。

一是企业发展合力充分凝聚。加强职工政治思想引领，坚持用习近平新时代中国特色社会主义思想教育广大职工。加强职工书屋建设，截至 2022 年底，开设各类书屋 200 余个，各类纸质、电子藏书 14.2 万册，开展“书香一汽”“读书沙龙”等学习类活动 800 余次。在“三卡一网”平台开设劳模工匠秀场，展示劳模工匠风采，大力宣传李凯军、金涛、齐嵩宇、吴碧磊、周时莹、杨永修等先进典型事迹，弘扬劳模精神、营造匠心文化，为打造世界一流企业提供强大的精神力量和思想保障。将职工创新工作从线下延伸到线上，实现职工建言献策随时提、随手提，2022 年，依托“职工创新关切卡”平台，征集全员改进改善建议 90 多万条，节创价值超亿元；在线征集职工代表提案 412 项，促进质量提升、新能源加速突破、数字化转型和员工职业成长等热点问题的快速高效解决，以高质量创新助推企业高质量发展。

二是职工赋能平台广泛搭建。紧密围绕汽车产业“新四化”发展趋势，聚焦“高精尖缺”高技能人才培养，借助“员工成长关心卡”平台开展全员大学习、大练兵、大比武活动，促进员工比学赶帮超。连续承办四届“红旗杯”全国机械行业班组长管理技能大赛，中国一汽集团班组建设不断提升。2023年，召开第四届创新大会，命名16个集团级劳模创新工作室和11名“一汽工匠”，表彰优秀创新成果1000个，6个优秀项目荣获中国机械工业科学技术奖，职工创新创效成果显著。截至目前，已成功举办12届百工种职工技能大赛，累计43万人次参与，数十名职工在全国、行业、省市级大赛中斩获大奖，职工技能素质明显提升。

三是工会服务效能不断增强。通过把组织建在网上、员工连在线上，实现员工关爱数字化、在线化，最广范围、最大限度、最快效率为职工群众办实事解难题。五年来，“员工心声吧”累计发帖1.1万条，其中问题诉求7000余条、意见建议4000余条，答复率100%。倡导互帮互助，创建中国一汽爱心互助基金，在“三卡一网”开辟基金管理模块，使员工入会、缴费、申报、审批在线管理，职工“足不出户”即可得到帮扶救助，受到职工称赞。提高生活品质，打造“旗意”咖啡书吧、“旗洁”洗衣服务中心、“旗尚”运动健身等功能活动区，打造集“学习、服务、休闲、健康”于一体的员工服务综合体，构建满足员工“衣食住行游购娱”等多元化美好生活需要的购物优惠平台，有效提升员工生活品质、改善劳动环境。

四是员工满意度显著提升。借助“三卡一网”平台，全方位关心员工成长、关注员工创新、关爱员工健康、关怀员工生活，广大员工的获得感、幸福感、归属感和成就感持续提升。普惠服务不断拓展，通过线上预订线下配送，为员工提供多样化套餐服务，持续开展全员四季四送、大干慰问等活动，2022年共惠及员工18万余人次。关注员工婚恋，通过线上联姻平台和线下活动相结合，连续举办12届集体婚礼、26期单身员工联谊会，企业凝聚力显著增强。联合华为、五粮液集团、苏宁等单位，通过线上选购线下配送，开展40余场专享内购活动，为广大职工提供质优价廉的商品和服务。积极举办“红旗杯”系列体育赛事、文艺演出、才艺大赛、马拉松等群众性体育活动，弘扬中国一汽先锋文化，营造积极向上、活泼热烈的干事创业氛围。

四、工作启示

新时代担当新使命，新阶段展现新作为。中国一汽将坚持以习近平新时代中国特色社会主义思想为指导，始终贯彻以人民为中心的发展思想，采用线上线下相结合的服务模式，不断加强职工思想政治建设，以更平衡更充分的发展、更创新更丰富的内容不断满足员工美好生活需要，引导广大员工全心全意、全神贯注、全力以赴投入中国一汽改革发展之中，为打造世界一流企业，开创新时代中国汽车产业创新发展的新道路，构建事业发展与员工成长命运共同体作出新的更大贡献。

大庆油田有限责任公司：

开展全员“云讲述” 弘扬严实硬作风

扫一扫，观看案例视频

一、基本情况

大庆油田于1959年被发现、1960年被开发，现有职工17.69万人，目前国内外油气产量规模保持4000万吨以上。大庆油田工会下辖二级单位工会48个、成员单位工会97个、作业区（大队）工会1446个、班组（站队、车间、室）工会3165个，专兼职工会干部6095人。大庆油田工会深入贯彻落实习近平总书记关于作风建设、思想政治工作的重要指示精神，以严实作风定调，创新打造岗位“云讲述”这一全新线上思想政治引领工作模式。“云讲述”已累计55万人次参与，4700万人次浏览观看，得到《人民日报》《光明日报》等中央主流媒体报道，被中宣部、中国政研会评为基层思想政治工作优秀案例。

二、准确命名

开展全员“云讲述” 弘扬严实硬作风

三、主要做法

（一）聚焦“讲什么”，明确主题定方向。岗位“云讲述”自启动以来，从第一季到第三季，已历时两年多。以“1+X”讲述“践行岗位责任”。岗位“云讲述”第一季，围绕“1+X”的讲述内容：“1”即岗位职责讲述，“X”即革新创效、技术技能或安全经验讲述任选其一。以“1+N”讲述“牢记政治嘱托”。岗位“云讲述”第二季，以“喜迎党的二十大”为主线，以“1+N”贯穿讲述，“1”即岗位实践讲述，“N”即 9 项个人收获讲述任选（①努力完成工作目标过程中的最大收获；②补齐能力短板、提高工作本领的难忘经历；③向劳模先优对标学习的励志故事；④开展革新创效、攻克技术难关的宝贵经验；⑤解决工作难题的方法事例；⑥查改安全隐患的有益借鉴；⑦筑牢个人与企业“命运共同体”价值追求的实践心得；⑧弘扬新风正气的高能情节；⑨工作学习生活中的点滴感悟）。第二季推进过程中，正值深入学习宣传贯彻党的二十大精神。牢牢抓住贯彻党的二十大精神这个首要政治任务，在党的二十大闭幕后，开设“学思践悟二十大·弘扬严实硬作风”专题讲述，主要围绕“学”“思”“践”“悟”展开，仅两个月，就有 4 万多名干部、党员、职工群众参与其中。以“2+10+4”讲述“一稳三增两提升”。岗位“云讲述”第三季，突出内容具象化，设置“记录生活”“记录工作”两大讲述类型，细分讲目标、讲责任、讲操作、讲安全、讲革新、讲经验、讲传统、讲典型、讲成绩、讲贡献十个讲述话题。突出讲述专题化，围绕学习贯彻习近平新时代中国特色社会主义思想主题教育，以领导干部为重点，开展“学思想、强党性、重实践、建新功”专题讲述；在“9·26”贺信四周年之际，开展“牢记嘱托·忠诚向党”专题讲述；在铁人诞辰100周年之际，推出“对话铁人·接力奋斗”专题讲述；围绕油田红色网格治理模式，网格员亮出身份、讲述职责。

（二）聚焦“怎么讲”，组织全员来答卷。构建共同推进思想政治工作的大格局，是新时代加强和改进思想政治工作的必然要求。强化一纵一横“协同作战”，在纵向上做好引导、明确政治方向，横向上做好配合、发挥协同优势，特别是要运用好互联网这个最大增量，激发思想教育最大效果。各个系统“一盘棋”，全力支撑、通力协作。油田公司机关八部门联合，党委办公室、党委宣传部、质量健康安全环保部、科技信息部负责审核把关，党委组织部落实激励措施，企管法规部给予政策指导，生产运行部维护网络信息安全，机关各部室配合得力、执行有力、支持给力，为“云讲述”的高效组织实施提供了坚强保障。各级干部“一条心”，带头示范、精心辅导。很多基层单位整套班子全员上阵、云端述职，为职工“打样”“示范”。基层干部从思想入手，帮助职工认清“云讲述”的目的和初衷，找到参与的意义和使命——这不是一部普通的视频，每一次讲述都是学习培训、每一个视频都是郑重承诺，每一次讲述都是对自己和他人最好的宣传教育。审核人员“一张网”，披星戴月保障运行。构建三个层级、四大系统、七道关口的审核体系，由 4600 名审核员承担审核体系运行。分布在各个网络节点的审核员，确保每个视频一帧一秒都合乎要求，一关通过，传递至下一关，直至终审发布。每周评选并在网络发布“讲述之星”“创意奖”“周达人”，促进活动接地气、职工更欢迎。目前已有 9900 多名职工获奖。

（三）聚焦“讲出了什么”，引领岗位新实践。大力发扬“抓生产从思想入手，抓思想从生产出发”的“两抓”基本经验，把“云讲述”同稳油增气、深化改革、提质增效、队伍建设、企业党建融合共促。岗位“云讲述”，造就了思想淬火之势，释放了熔铸心灵的张力。每一次讲述都是对党组织、面向所有大庆石油人的庄严承诺，唤起职工的主人翁责任感。一位即将退休的职工，饱含深情地说“要为油田站好最后一班岗”；很多职工表示，当讲出“石油工人心向党”“我为祖国献石油”的时候，犹如宣誓一般，触动心灵、热血沸腾。每一位讲述者，都是大庆精神、铁人精神的坚定传承者，都用自己的行动传递正能量，讲得精彩、掷地有声。岗位“云讲述”，掀起了积极进取之势，释放了自我革新的张力。一则高质量的讲述，背后却是 2~3 次甚至更多次的完善修改，很多职工自觉抬高标准，主动把“云讲述”作为一次学习教育，更是个人思想认识、责任意识的提升和强化。岗位描述不准、风险识别不清、劳保穿戴不整等问题，成为职工们查摆纠正的“关键词”，倒逼职工正视问题、补齐短板。岗位“云讲述”，鼓舞了对标互促之势，释放了奋发大干的张力。坚持从实践中来、到实践中去，把“云讲述”的收获融入岗位工作。一位年轻的采油工这样感悟：“过去只顾着低头干活。通过‘云讲述’我才知道，我管的这几口井，居然承担着这么多的产量任务。原油稳产也有我的功劳，价值感自豪感油然而生。”

四、工作启示

“云讲述”活动的火热开展，对于在新形势下如何做好思想政治工作，产生了更为深入的思考和启示。

（一）站位决定格局。必须坚持正确政治方向，符合时代所向、社会所需、企业所亟的价值，融入中心、服务大局，才能形成高位推动态势。

（二）视角积蓄势能。必须站在职工角度、抓准群众定位，让岗位职工用“自己的话”讲“自己的故事”，才能集腋成裘，汇集磅礴力量。

（三）载体点燃热度。必须发挥新媒体优势，网聚职工正能量，推动思想政治引领线上线下并轨，才能让思政燃起来、火起来。

（四）兴趣释放活力。必须尝试探索寓教于乐，通过个性的展示、愉悦的体验、期待的满足、价值的彰显，促进思想政治工作焕发勃勃生机。

郑州圆方集团：

宣传党的创新理论　引领职工同心奋斗

扫一扫，观看案例视频

一、基本情况

郑州圆方集团成立于 1994 年 5 月，前身是由薛荣带领 16 名下岗工人创办的郑州圆方美洁公司，现已发展成为包括智慧后勤、数字人力、专业母婴和社区健康四个业务集群的服务业集团，职工 8 万人，年产值超 40 亿元。圆方集团 2002 年成立党支部，2007 年成立党委，现有党员近千名。多年来，圆方集团党委注重在企业职工中发挥政治核心作用，在企业发展中发挥政治引领作用，始终坚持用党的创新理论宣传职工、教育职工、引导职工、凝聚职工。针对职工思想上的各种矛盾困惑，与时俱进，创新方法，积极开展思想政治工作，使广大职工以更加积极的姿态投入工作和生活，把思想政治工作优势转化为企业感召力、凝聚力、向心力。

郑州圆方集团荣获“全国先进基层党组织”“全国三八红

旗集体”“全国抗击新冠肺炎疫情先进集体”“全国助残先进集体”“全国巾帼文明岗”“全国模范劳动关系和谐企业”等600多项荣誉。2020年4月30日，习近平总书记给郑州圆方集团全体职工回信，对集团党委带领职工在抗击新冠肺炎疫情中作出的突出贡献予以高度评价。

二、准确命名

宣传党的创新理论 引领职工同心奋斗

三、主要做法

（一）聚焦发展，结合实际，让党的创新理论学习宣传活动落地见效。学习宣传党的理论，重在用理论指导工作，保证企业发展正确方向，提升企业经营效益。一是找准落脚点。坚持贯彻落实集团“围绕发展抓党建，抓好党建促发展”的核心理念，把学习宣传党的理论的落脚点放在凝聚职工奋进力量、促进企业持续发展上。紧密结合企业实际，突出学习重点，注重学习实效。针对新技术、新服务、新商业模式不断出现，积极探索构建了“一二三四”党建学习体系，着力把党在理念引领、管理提升、落实执行等方面的先进经验予以总结，并和企业经营工作相结合，为企业加强管理、转型升级提供了保证。二是抓住关键点。在抓好经常性学习的基础上，注重抓住一些重要时机强化学习效果。结合学深悟透习近平总书记给集团全体职工的重要回信，每年组织“向总书记报告”系列活动，重温总书记重要回信精神，激励广大职工牢记总书记嘱托，以更加昂扬的精神状态奋力开创集团建设发展新局面。2017 年 10 月、2022 年 10 月，集团党委书记薛荣分别当选党的十九大、党的二十大代表，集团第一时间自上而下掀起学习贯彻党的重要会议精神的热潮。三是把握创新点。坚持落实每日早晨好读书、每周大晨会微党课等制度，持续开展习近平新时代中国特色社会主义思想“每日宣讲”、每周五“道德大讲堂”、每周六“书记微党课”、每季“党在我心中”红歌赛、每年“感党恩、颂和谐、展自强”庆七一等活动，把理论宣讲融入日常工作，使理论宣讲经常化制度化。把党的理论融入文艺创作，编排《国家》《天下乡亲》等节目，在各分、子公司巡回演出，使党的理论宣讲形式喜闻乐见、深入人心。

（二）整合资源，多措并举，使党的创新理论学习宣传活动持续开展。坚持多方式多渠道多维度搞好党的理论学习宣传，形成学习宣传党的理论全方位立体化的生动局面。一是成立宣讲队伍。建立了一支由 43 人组成的常态化理论宣讲队伍，集团所属 21 个党支部均有 1 名理论宣讲员。在集团党委每月组织“圆方智慧大党课”的基础上，各支部理论宣讲员组织所属党员职工搞好经常性理论宣讲活动。集团党委书记薛荣以及党员代表海贝、王花等积极参加省总工会“学习宣传习近平总书记重要回信精神巡回宣讲报告会”，先后在全省宣讲 200 余场次。结合学习宣传贯彻党的二十大精神，集团还成立了由地方高校理论宣讲专家、集团党委班子成员、基层优秀理论宣讲员组成的理论宣讲志愿服务队。二是用好宣传网络。集团官网专门开设党的理论学习栏目，及时更新学习内容，定期组织学习竞赛。每月采取线上直播形式组织圆方智慧大党课，分布在全国各地的党员职工同步收看，使党的理论学习宣传活动覆盖到集团所有党员。集团团委、妇联、工会等群团组织积极发挥职能作用，每天在微信公众号发布党的理论学习内容，征集党员职工学习心得，开展学习评比活动，激发大家学习热情。三是打造宣教阵地。以集团在党的理论引领下取得的经营发展成果为主题，打造了占地6000平方米的圆方党建展馆，包括初心厅、圆方创业纪念馆、微党史国史馆、红色文化馆和抗疫情战新冠展教馆等，教育引导广大党员职工牢记初心使命，汲取红色力量，传承红色基因，保持干事创业决心信心。党的二十大召开后，集团又打造了党的二十大精神沉浸式宣教馆，以丰富多彩的内容和形式学习宣传党的二十大精神。

（三）搭建平台，拓宽渠道，把党的创新理论学习宣传活动引向深入。积极运用集团自身学习宣传党的理论活动经验成果，把党的理论学习宣传活动向社会延伸，提高了参与度，扩大了覆盖面。一是薛书记大讲堂讲述党的好故事。集团党委书记薛荣积极发挥党代表职能，创办了“薛书记有约”工作室，开设了薛书记讲党课、讲党建与创新、讲非公党建工作法、讲党史等12个栏目，以网络直播课堂形式向集团职工和广大网友普及党的知识，讲述圆方创业故事、励志故事、党建工作法等精彩课程。为了让年轻一代更熟悉党史、党建，薛荣通过微信和抖音等平台，每天录制60秒语音播报，传递正能量。作为党的十九大、二十大代表，薛荣先后到全国各地宣讲党的十九大精神1009场、宣讲党的二十大精神100多场，在线上讲微党课3600多期，抖音讲党史1500多期。二是圆方党建大篷车传递党的好声音。为推动党的理论学习宣传活动向全省非公企业单位和基层党组织延伸，集团投入30余万元购置了“党建宣讲大篷车”，深入全省各地市企业、农村、机关、学校、部队、科研院所、街道社区、社会组织等有关单位，广泛开展党的十九大精神、党的二十大精神和基层党建工作宣讲活动，先后宣讲上百场次。三是圆方党建学院传播党建好方法。为提高集团党员职工理论学习质量，建好圆方党校，并成立圆方非公党建学院。以办班形式为有需求的企业培训党务工作者，先后为全国20个省（市、自治区）100多个县（市、区）培训党务工作者近千期2万多人，接待来自全国各地的党务工作者、企业家100多万人次，为推动非公企业党组织建设、提高党员干部整体素质做出了积极贡献。

四、工作启示

思想是行动的先导，理论是实践的指南。只有把学习宣传贯彻党的创新理论作为思想武装的重中之重，才能确保广大党员职工思想同心、目标同向、行动同力，持续推动企业实现高质量发展。

（一）学习宣传贯彻党的创新理论必须着眼企业发展，坚持问题导向。学习理论在于指导实践，在于解决问题。学习党的创新理论必须带着问题学、联系实际学，把学习贯彻党的创新理论与提高企业核心竞争力、促进企业持续健康快速发展紧密结合起来，从党的创新理论中找到解决制约企业发展瓶颈的“金钥匙”，才能保证党的创新理论在基层落地生根，开花结果。

（二）学习宣传贯彻党的创新理论必须坚持与时俱进，做到持续经常。理论学习是一项长期性系统性工程，只有持续学习，才能持续创新。学习党的创新理论要摒弃跟风式、兴趣式学习，做到活学活用，常学常新。集团着力推动理论学习常态化制度化，坚持每年、每月、每天开展党的创新理论学习，使广大职工在潜移默化中提升思想觉悟、校正人生航向，为集团持续健康发展提供了强大精神动力。

（三）学习宣传贯彻党的创新理论必须创新方式方法，回应职工关切。宣传党的理论既要主题鲜明，又要形式新颖，用职工群众听得懂的语言宣传讲解。既要有正气，又要接地气、冒热气，用群众喜闻乐见的方式宣传讲解。特别是要回答好职工群众关心的热点难点问题，讲到职工群众的心坎上，才能真正让党的创新理论“飞入寻常百姓家”。

甘肃公航旅建设集团有限公司：

积极发挥职工书屋阵地作用
打造职工精神文化家园

扫一扫，观看案例视频

一、基本情况

职工书屋是创建“书香企业”的重要窗口，是助力企业“职工之家”建设的重要途径。近年来，甘肃公航旅建设集团有限公司（以下简称“公航旅建设集团”）工会坚持立足基层、服务职工，持续发挥职工书屋阵地作用，以丰富职工生活、提高职工素质、创建学习型组织、争做知识型职工为目标，打造书香企业文化，激发职工读书兴趣，激励广大职工更加紧密地团结在党的周围，增强职工群众的凝聚力和向心力，引导职工用信仰的力量、知识的力量为企业高质量发展筑牢人才基础屏障。公航旅建设集团职工书屋现已成功创建“全国总工会职工书屋示范点”“全国工会品牌职工书屋示范点”，荣获“全省职工书屋建设成果展示活动”一等奖、网络投票“最美职工书屋”第一名。

公航旅建设集团是甘肃省公路航空旅游投资集团有限公司下属的国有独资企业，下属16家子（分）公司，目前共有职工1000余人，公司承揽各类公路建设项目、房建市政项目，多数省内项目分布在酒泉、武威、张掖、临夏、陇南等各市州，范围广、跨度长，公司将职工书屋建设延伸至项目“最后一公里”，通过“文化进一线”等各项活动响应“全民阅读”号召，让职工书屋成为创建“书香企业”的重要窗口。公司职工书屋面积约320平方米，最大藏书容纳量为3万册，现有藏书2.8万册，包含政治、经济、工程、安全、文史、管理、法律、军事、学习考试、思想教育、医疗卫生等类型，报刊杂志30余种，种类齐全，覆盖面广。按照全国总工会关于全国工会职工书屋建设示范点的标准，并结合公司实际情况，书屋内设职工阅读区、休闲区、咖啡厅、电子阅览室、管理室等功能区，同时配备了桌椅、电脑、图书智能化借阅管理系统以及电子图书阅览器等设施，配备电脑2台、读书平板5台、电子阅读屏1台，集“藏、借、阅、研、休”功能于一体，藏书丰富、环境典雅、配套设施完善。

二、准确命名

积极发挥职工书屋阵地作用 打造职工精神文化家园

三、主要做法

（一）统一思想，精心建设，共筑“精神粮仓”。公司高度重视职工书屋建设工作，在职工书屋建设过程中，公司工会坚持思想认识、规划建设、财力投入相统一，严格按照全国总工会职工书屋建设示范点的标准打造职工书屋，发动全体职工共同参与职工书屋建设，献计献策，发挥特长，共建共享。为了让职工书屋的书籍杂志受到职工欢迎，公司采用调查问卷、职工点书等形式，根据职工的岗位、技术等方面需求予以配置，尽量满足不同职工求知启智、休闲放松的多样化需求。书屋实行科学化、规范化的管理模式，设有轮岗图书管理员负责书屋的日常管理，并制定了购买、借阅等各项规章制度，为广大职工提供了良好的数字化学习平台，从而使职工书屋建设走上了科学化、标准化、制度化良性发展的轨道。

（二）依托平台，开展活动，搭建“兴趣课堂”。以职工书屋为阵地，大力开展主题教育活动，不断丰富活动内涵，创新活动模式，拓宽活动渠道，充分满足职工不断提升的新时代需求，以品牌活动示范、重点群体阅读等方式，开展“书香企业”特色主题活动，深化“职工之家”阵地建设及宣传，受到省总工会、省文明办、省直机关工委及省直机关各单位各企业广泛关注，开展交流观摩30余次，依托“中国梦·劳动美”活动主题，先后举办职工书画摄影展、道德讲堂、知识竞赛、演讲比赛、征文比赛等丰富多彩的职工文化活动，积极组织职工开展“世界读书日”“玫瑰书香”“一封家书”“书籍捐赠”“经典诵读”等阅读活动，在全公司建立线上“读书群”，成立书法、绘画、摄影、读书等几个兴趣小组，每月征集主题作品、文稿，通过企业内刊、微信公众号发表，形成了职工与企业共同发展、共建共享、相互促进、和谐共赢的局面。公司其他部门也依托职工书屋为阵地，广泛开展文化讲座、业务宣讲、法律咨询、心理咨询等特色活动，一系列活动不断引导干部职工走进书屋、走进课堂、接受教育，真正起到在活动中引导人，在环境中感染人，在交流中鼓舞人的作用。

（三）设施完善，配套齐全，助推“企业文化”。在建设职工书屋初期，同步规划建设60平方米“职工活动中心”、50平方米乒乓球室。其中“职工活动中心”可供40人同时训练和开展活动，健身房配有跑步机、椭圆机、动感单车、哑铃等各种健身器械，并有专业人员为参与健身的员工提供咨询和活动指导，让广大职工在武装思想的同时强健体魄，阅读健身“两不误”。为切实保障广大女职工权益，在职工活动中心配备了省级标准“母婴室”，配套婴儿床、沙发、桌椅、冰箱、微波炉、护理台、书柜置物架、瑜伽垫、儿童绘本、玩具等，定期购置母婴知识书籍、杂志，让女职工在繁忙工作之余有一处静心阅读、放松心情的温馨驿站，也可供职工加班期间妥善安置子女使用。

四、工作启示

（一）规范管理，打造品牌建设成果。公司严格遵循全国职工书屋建设标准，规范制定职工书屋管理制度、图书管理制度及职工书屋管理员责任制度，同时积极探索网络化管理、图书共享、流动服务等方式，形成具有企业特色、职工喜爱、可持续发展的管理运行模式。职工书屋建成以来，相继获得“全国工会职工书屋示范点”、“全省职工书屋建设成果展示活动一等奖”、网络投票“最美职工书屋”第一名。

（二）拓展功能，搭建多元服务平台。职工书屋建起来，还要让职工愿意走进来，增强公司职工对职工书屋的认识，是提高资源利用率的关键。在传统理念中，职工书屋似乎只能借书读书，为了打破职工的传统认识，公司工会不断创新思维、拓展外延，优化功能多角度服务职工，同步发挥职工书屋、职工活动中心、培训教室的功能，策划举办主题丰富的各类活动，多措并举最大化吸引职工，努力把职工书屋建设成为引导职工的“宣传车”、行业实用的“共享车”、与时俱进的“顺风车”。

（三）拓宽途径，线上线下互补阅读。针对公司基层一线职工大多处于“三远离”（远离城镇、远离机关、远离家庭）的状况，公司不断加大项目一线“读书角”建设力度，同时努力推动职工文化服务载体由室内向室外拓展，由实体转向网络延伸，实现“实体借阅＋移动阅读”双向互补，推广无纸化阅读，通过网站、App、微信端等多种方式，不断丰富图书、期刊、有声书等精品阅读资源，通过指尖上的阅读让职工轻松享受到“一人一书屋，无处不阅读”的阅读新体验。

（四）丰富资源，深化“工”字品牌活动。资源是决定职工书屋存在价值的根本，公司努力争取更多社会力量参与到职工书屋建设中来，加强与党校、书院等专业学习平台的合作，充分发挥工会“大学校”的作用；加强与当地文化机构、合作书店等专业读书平台的联系，从中获取书屋建设及书籍杂志最新信息；加强与行业单位及文化慈善机构的联系，获得捐赠机会，实现资源共享。

公航旅建设集团将以深入贯彻党的二十大精神和习近平总书记关于建设书香社会的重要讲话精神为目标，不断加强职工思想政治引领，充分发挥好职工书屋传播文化知识的作用，组织开展贴近职工、形式多样的读书活动和常态化的思想政治教育，认真探索和发挥职工书屋的服务职能，拓展和丰富职工书屋的功能内涵，盘活各项资源，把职工书屋打造成职工思想政治引领的重要阵地。

中国铁路济南局集团有限公司青岛机务段：

推进职工“安身铁路、安家青机、安心运输”工程

扫一扫，观看案例视频

一、基本情况

中国铁路济南局集团有限公司青岛机务段（以下简称“青机”）现有职工 4253 人，下设青岛、淄博、蓝西等段区，主要承担机车牵引运输和检修整备任务。近年来，新入路的 35 岁以下青工有 2352 人，占全段总人数的 55.3%；28 岁以下 1626 人，占比为 38.2%；家在外省的 35 岁以下青工有 1230 人，占青工人数的 52.3%。针对点多线长、生活不便，单身职工异地分散、思想活跃，外省职工人地生疏，找对象安家问题突出的现状，如何掌握青年职工思想动态，帮助他们尽快适应新岗位，融入车队、班组，快速成长成才，青岛机务段工会进行了深入思考和探索。2015 年起，段工会大力推进“我为群众办实事”，组织实施了以“安身铁路、安家青机、安心运输”

为主要内容的“三安”工程，收到了良好的效果。

二、准确命名

推进职工“安身铁路、安家青机、安心运输”工程

三、主要做法

（一）以“思想引领”为主抓手，引导新职工安身铁路。对新入路职工，从每年9月入段教育开始全程参与，由属地车间工会主席担任培训班主任，专人负责大学生的铁路发展史、局情段情教育，了解新入职职工的思想动态和需求，特别是解决好食宿问题，提前购置所需用品、配备下发健康包，准备好文体活动器材，丰富培训期间的文化生活。培训结束后，在有条件的单身宿舍楼，为每名单身职工配备两个68升的收纳箱以及文体活动器材及书籍。段篮球、足球、羽毛球、读书等协会主动联络新职工参与协会活动，大大充实了单身职工的业余文化生活。日常以手机微信群为主渠道，构造了由专兼职工会主席负责管理的“青机e家”网络互动平台，探索实行了段—车间—车队工会逐级“群主”负责制的“议、集、论、行”工作法，及时发布政策信息，开展形势任务教育，了解回应职工诉求，解决职工实际生活困难。围绕机车乘务员实现每月至少一次48小时休息目标广泛问计于民，发挥群策群力作用，在全段开展了针对机车乘务员的“关爱48小时”金点子有奖征集活动，征集“金点子”62条，立即实施24条，取得了明显

实效。近年来，段工会累计回应解决职工诉求1700多条，投入“三线”建设资金近百万元，实施了“蓝西标准化浴室、淄博整备黄岛食堂”等重点项目建设，改善食堂伙食，切实增强了新入路职工对铁路的认同感、归属感，感受到了大家庭的温暖，职工满意率达100%。

（二）以“交友联谊”为主形式，帮助新职工安家青机。在青岛、淄博两大新职工聚居段区，主动与当地市工会、妇联、共青团等组织密切沟通，以属地内各大医院、学校、银行等30多家企事业单位为主要联系对象，强强联合，每年10—11月分别在青岛、淄博段区举办“姻情相聚·缘来是你”单身适龄职工大型交友联谊活动。通过精心设计“一见倾心”“心有灵犀”“筷子传情”“真情表白”等趣味互动游戏，寓教于乐、促进交流。坚持不断创新，积极搭建实体互动交友平台，积极组织参与联系单位举办的联谊相亲活动，做好单身青年婚恋服务工作，鼓励更多的新职工通过这些平台早日寻找到属于自己的幸福，以更饱满更积极的状态安家青机、安心运输。截至目前，共举办联谊相亲活动14场，适龄单身职工参加近3000人次，已促成“准对象”160对，结婚26对。为进一步促进帮助青工“安家”，2022年第四季度，段工会牵头制定实施了《青岛机务段“红娘”工作激励制度（试行）》，凡为本单位未婚职工牵线搭桥成功的“红娘”职工，由段行政一次性奖励2000元，鼓励职工人人争当“红娘”。活动开展以来，济铁电视台、青岛电视台等多家媒体专题采访报道了交友联谊活动做法，“缘来是你”相亲交友联谊被授予 2020 年度集团公司工会志愿服务品牌。

（三）以“创新工作室”为主载体，团结新职工安心运输。深入践行“开好车、修好车，忠党报国、造福职工”的青机工作理念，针对新入路职工本职业务技能欠缺，但政治上要求进步、文化素质高、接受新事物快的特点，创新团建活动，有针对性地给“职工创新工作室”交任务、压担子，要求工作室成员与新入路职工“1+3”结对子、导师带徒，加强与新入路大学生的思想沟通交流、业务技术帮教，引导帮助他们尽快适应岗位工作和当地生活环境、风俗习惯，融入车队班组。2023 年，段工会在坚持创新工作室年度经费 5000 元基础上，进一步优化创新工作室激励机制，对应段、局、省部级三个层次，分别在中秋、春节给予各创新工作室每位成员 100 元、150 元、200 元标准的慰问，激励创新工作室成员多出成果，在打造知识型、技能型、创新型职工队伍中发挥更大的作用。当前已在青岛、淄博段区建成“职工创新工作室”10 个，会聚全段各类生产骨干、技术型人才 101 名。2014 年至今，在段安全管理、机车质量、成本支出等课题揭榜攻关中，“创新工作室”成员携徒弟每年认领不少于 10 项。2021 年“名师带徒”岗位安全技能运动会 10 个竞赛工种，一等奖的获奖选手 60% 为“创新工作室”的“高徒”，其中，青岛运用二车间徒弟高艺卓，荣获国铁集团技能竞赛电力机车司机岗位第四名，淄博运用二车间徒弟吴迪荣获国铁集团技能竞赛内燃机车司机岗位第七名，一举成为新入路职工争相学习的青年典范。

四、工作启示

（一）坚持党政工团齐抓共管，凝聚工作合力。职工思想政治引领工作尤其是青工思想政治工作，涉及面广困难多，必须发挥党、政、工、团齐抓共管的作用。要把青工思想政治工作列入议程、摆上位置，定期研究分析。同时，要压实做好青工思想政治工作责任，对青年职工的思想状况及时了解，在问题发生前及时介入，把问题解决在萌芽状态。要高度重视并妥善解决青工的合理诉求，化解他们的疑虑，让他们安心工作。要广泛开展形式多样的主题教育活动，大力弘扬优秀传统文化和时代楷模精神，充分利用铁路行业内的先进事迹、优秀典型引导青年职工，强化青年职工的责任感和使命感，坚定他们为铁路事业贡献青春的信念，增强青年职工队伍的凝聚力和向心力。

（二）坚持发挥工会组织作用，加强人文关怀。工会组织“娘家人”的角色对增强职工归属感、提升幸福感有至关重要的作用。要深入青年职工中积极为他们解决生活中的实际问题和工作上的难题。要通过对他们生活上的帮扶及工作上的指导，消除他们思想上存在的压力。如帮助青工解决婚恋交友和住宿等方面问题，给予他们关怀，让他们感受到企业的温暖，进而以饱满的热情融入工作中，增强他们对企业的归属感和忠诚感。要关心青年职工身心健康，加强人文关怀和心理疏导，帮助青年职工缓解、释放心理压力和负担，通过座谈会、交心谈心等形式，让青年职工表达自己的观点，经常性地征求青年职工对涉及他们的重要事项的意见和建议，在问需于青年职工、问计于青年职工中教育引导青年职工树立企业主人翁意识。

（三）坚持工作方法守正创新，确保取得实效。提高企业职工的思想教育工作质量，提高职工思想动态的引导效果，必须适应时代发展要求，多种方式开展思想教育。要采取问题导向，深入了解职工困难，针对职工诉求征集困难问题，采用互联网平台与线下谈心谈话相结合的方式广泛征求职工意见建议。针对新入路职工岗位陌生的问题，要利用好铁路红色资源、传统文化资源，开展铁路历史教育、新入路职工与劳模先进结对子活动，加强正向引导，帮助新职工系好入路的第一粒扣子。

中远海运船员管理有限公司：

“红蓝共建”聚合力　积极助推“双一流”

扫一扫，观看案例视频

一、基本情况

中远海运船员管理有限公司（以下简称“中远海运船员”或“公司”），隶属中国远洋海运集团，是集团旗下从事船员管理的专业化公司。公司以习近平总书记对中远海运船员的亲切慰问和殷切嘱托作为船员队伍建设的行动指南和根本遵循，坚定“为国远航”初心，牢记“航运强国”使命，践行“大国船队”担当，着力打造世界一流船员队伍和世界一流船员管理公司（简称“双一流”）。公司管理船员约 4.7 万名，配员船舶超过 1100 艘，服务船型覆盖集装箱船、油船、干散货船、特种船、客船、液化气船、邮轮等各类型船舶，是世界规模第一的船员管理公司。

远洋运输固有的行业特点，使得公司所属近 5 万名船员大部分时间工作生活在漂泊于世界各地的“浮动国土”——远洋船舶上，少部分时间分散居住在全国各地。为此，公休船员的教育管理和船员家属的服务保障就成为公司工会思想政治引领工作的重中之重。近年来，为深入贯彻落实习近平总书记重要指示批示精神，我们贯彻落实公司党委的部署要求，认真开展“我为船员办实事”活动，深入推进了红色战斗堡垒（公休船员党支部）+ 蓝色温馨港湾（海嫂联络站）一体化建设，即“红蓝共建”活动。

“红蓝共建”，是践行习近平总书记关于工人阶级和工会工作的重要论述的现实举措，是贯彻落实党的二十大加强对群团组织领导的具体实践，是筑梦“海洋强国、航运强国”的实际行动，是“我为群众办实事”活动的持续深化，是对船员教育管理和服务保障的有效延伸，不仅积极助推了世界一流船员队伍和世界一流船员管理公司建设，也为国家“一带一路”和“双循环”建设提供了坚实的人力资源和组织基础保障。2022 年，“红蓝共建”成功入选全国企业党建优秀品牌。

二、准确命名

“红蓝共建”聚合力 积极助推“双一流”

三、主要做法

为更好地推进“红蓝共建”，积极助推公司“双一流”建设，中远海运船员工会采取了“三共三互”的具体做法。

（一）组织建设共同谋划，船舶和岸基互通。为使海嫂站建设能够精准对接公休船员党支部建设，公司工会制定了《海嫂联络站整合建设工作方案》和《海嫂联络站整合管理规定》，从结对模式、共建方式、共建内容、活动形式和经费保障等各方面对与公休船员党支部的共建做出明确规定。按照文件要求，各直属单位工会调整了海嫂站组织建设方案，整合了原相对零散、重叠建设的海嫂站资源，拓展海嫂站建设网点，海嫂站由之前的229个服务船员近万户，增加到273个服务船员2万余户，海嫂站增加了44个，服务船员增加了万余户，为“红蓝共建”在组织建设的共同谋划以及船舶和岸基互通奠定了坚实的组织基础。

“红蓝共建”活动中，公司工会积极推动海嫂站与公休党支部开展结对共建，海嫂站聘请公休党支部书记为指导员、公休党支部聘请海嫂站长作为家属代表参加活动，实现双向进入。273个海嫂站中有152个与公休船员党支部开展结对共建，共建面不断扩大。

（二）重要活动共同策划，线上和线下互动。各地海嫂站在组织活动时充分考虑新冠肺炎疫情的影响和船员家属居住分散的实际情况，坚持做到线上线下的有机结合，主动对接属地公休船员党支部，努力实现相互进入和积极融入，做到互为依托、资源共享、共同策划、同步推进，形成了扩大船员党员与海嫂参与的规模和效应，调动了广大船员党员和海嫂的积极性、主动性和创造性，建立了互通互融的沟通平台。

除日常的活动外，公司工会还每年选择船员居住相对集中的区域举办“红蓝共建”座谈会和集体慰问活动，充分发挥了“红蓝共建”的示范作用，切实彰显了“红蓝共建”的引领效应。自2021年以来，我们共组织“红蓝共建”活动150场次，慰问船员4226户次。

（三）重要作用共同发挥，船员和海嫂互助。海嫂站知船员情、解船员难、暖船员心，用真心关心船员和家属，用真情服务船员和家属，逐步成为公休船员和家属的精神依靠，能够在教育、管理和服务船员方面共同发挥直接、重要的作用。2020年，面对突如其来的新冠肺炎疫情，公司各地海嫂站与公休船员党支部同心协力，积极配合公司的统筹安排，在宣传普及防疫知识、排查慰问船员家庭、及时做好解疑释惑、协助采购并发放防疫物资等方面，发挥了不可替代的作用。

新冠肺炎疫情期间，公司依托“蓝色温馨港湾”和“红色战斗堡垒”共建平台，围绕“协助公司促发展、建好海嫂站促和谐、疫情期间保稳定”主线，积极组织海嫂开展活动，促融合、聚力量、战疫情，形成了海嫂站“大家”与船员“小家”相互依偎、携手同行的生动局面。我司派员的丰惠海轮水手长因母亲重病住院情绪低落，船舶政委及时告知公休船员党支部，支部和海嫂站第一时间安排人员到医院看望照顾，解除了他的后顾之忧。远在大洋航行的水手长激动地说：“家里有公休船员党支部和海嫂站的帮助，我们就能安心地在船上工作！”

四、工作启示

（一）要始终贯彻好“一切以船员为中心”的服务理念。开展“红蓝共建”要始终贯彻好“一切以船员为中心”的服务理念，准确把握船员和船员家属的所思所想、所盼所愿，把船员赞成不赞成、高兴不高兴、答应不答应作为衡量一切工作得失的根本标准。通过管理好、使用好、服务好、发展好船员队伍，不断增强船员和家属的获得感、幸福感和安全感，积极助推世界一流船员队伍建设。

（二）要始终把握好持续创新的工作思路。“红蓝共建”是新时代职工思想政治引领的创新案例，紧密结合远洋运输固有的行业特点，通过船舶和岸基的互通、线上和线下的互动、船员和海嫂的互助，圆满地解决了船员教育管理和船员家属服务保障的“海陆通、无空档”问题，树立了航运企业文化建设的鲜明典范，极大稳定了船员的“大后方”。

（三）要始终发挥好携手并肩的协同效应。上下同欲者胜，合作共赢者强。做好“红蓝共建”工作，一要上下同欲齐发力。公司有部署，职能部室和各直属单位能够拿出具体举措，各公休船员党支部、海嫂站因地制宜积极作为。二要左右协同肩并肩。需要各船公司与船员公司瞄准作用点共同发力。在历次的“红蓝共建”暨走访慰问活动中，各船公司均派代表参会并与船员和海嫂面对面、心贴心、实打实地座谈交流，收到了相得益彰的效果。三要“红蓝共建”手牵手。在开展“红蓝共建”过程中，公休船员党支部和海嫂联络站负责人“双向进入”，建立沟通联系、互通互助的共建渠道，共建的合力和效果才更大更好。

中国一拖集团有限公司：

发挥“幸福 10 号”平台作用 创新开展职工思想政治工作

扫一扫，观看案例视频

一、基本情况

中国一拖集团有限公司（以下简称“中国一拖”），前身为中国第一拖拉机制造厂，始建于 1955 年，是我国“一五”时期 156 个重点建设项目之一。经过 60 余年的发展，中国一拖成为以农业装备为核心，创新发展特专车辆、制造服务业务的大型装备制造企业，拥有拖拉机、收获机械、机具等农装产品，以及柴油机、传动系、驾驶室等核心零部件构成的完整的农业装备产业链体系。目前企业拥有职工 10467 人，其中生产一线产业工人 6000 余人，专技及管理人员 3000 余人，30 个工会委员会，137 个支会，324 个工会小组，四级工会系统专兼职干部 500 余人。

作为一个拥有完整农业装备产业链的大型国有企业，中国一拖机构庞大、职工众多，随着国内外环境不断出现新变化，企业的发展也时刻面临着新挑战。特别是2018年，中国一拖出现了建厂以来最大的亏损，下岗待岗频繁，生活水平下降；职工士气低落，思想波动混乱；缺乏信心，未来迷茫悲观；不少职工上班应付了事，下班兼职网约司机、送外卖、打零工。加上信息化、数字化、智能化带来的巨大变化，广大职工群众的认知程度和思想状况更加趋于个性化、多元化，价值观也随之转变。传统的思想政治工作虽然覆盖面广、形式灵活、实践性强，但偏重说教与灌输，我说你听的形式稍显单一，内容较为枯燥，很难引起职工的共鸣。如何发挥工会自身优势，创新开展职工思想政治工作，是企业工会系统无法回避的重大任务。

“幸福10号”是中国一拖工会打造的职工服务平台，核心是促进职工成长、提升生活品质，内容涵盖文化宣传、EAP服务、读书学习、帮扶救助、大众创新、文体活动等工作生活的方方面面。“幸福10号”是“幸福是好”的谐音，2018年以来，通过“幸福10号”平台线上线下协同互动，传统思想政治工作融入了新形式、新做法、新内容，一方面强化理论学习，用党的创新理论特别是习近平新时代中国特色社会主义思想武装头脑；另一方面强调躬身力行，做到学用结合，不断推动职工急难愁盼现实问题的解决。这种做法既凝结着思想政治工作的优良传统，又体现鲜明的时代特色；既立足于企业现阶段的实际，又在面向未来中不断发展；既便于实际工作中具体操作，又易于被广大职工所接受，成效非常显著，不仅调动了职工的积极性和主动性，也持续推动了企业的发展。

二、准确命名

发挥“幸福 10 号”平台作用 创新开展职工思想政治工作

三、主要做法

（一）精准组织策划劳模宣讲，统一职工思想。中国一拖工会“幸福 10 号”平台充分发挥东方红劳模创新工作室联盟的作用，每年选拔劳模代表组建形势任务宣讲团，从讲稿确定到讲前集训、从现场辅导到实践提升，劳模们深入车间班组，在传统宣讲中引入身边的、熟悉的元素，职工更加愿意去听、听得进去。这样“唠嗑式”的宣讲活动引发了大家的共鸣。2019 年，在企业困难时期，以“凝心聚力、勇于担当，打赢扭亏脱困攻坚战”为主题，宣讲团引导广大党员干部职工坚定信心，增强使命担当。2020 年，企业形势好转之后，为了打破“小富即安”的思想，催生发展“新引擎”，宣讲团聚焦梦想、奋斗、能力、责任、创新和担当等主题，围绕“第一”的精神实质、凡墙都是门的创新思维、艰苦中求变的成功经历、创造条件也要上的不服输精神和拥抱变化的成长感悟等内容，用朴实无华、真挚温暖的语言感染职工，为企业脱困振兴提供文化支撑。2022 年，企业发展形势持续向好，为了以更大的视野拥抱未来，劳模宣讲团开展了“立足岗位，创造更大价值”宣讲活动。近四年来，中国一拖工会组织的各层级形势任务宣讲活动共计百余场，足迹遍布各单位的生产车间和班组，累计已有数万人次职工现场聆听，有效凝聚了思想共识，增强了广大职工对企业发展的信心。

（二）充分运用各种活动载体，丰富政治内涵。企业工会系统开展思想政治工作的优势，就是通过一系列活动丰富政治内涵，营造思想政治工作良好环境与氛围。党的二十大召开后，我们重点培训在大会报告中 105 次提到“人民”的深刻意义，从站稳人民立场、把握人民愿望、尊重人民创造、集中人民智慧、提升人民素养和不负人民六个方面，阐述了“人民就是江山，江山就是人民”的深刻内涵。“幸福 10 号”微信平台组织高中汉、陈浩然等劳模工匠谈学习党的二十大精神体会，开展了“学习二十大，奋进新征程”职工演讲比赛，其中邢魏鑫获得全省职工演讲季军，推动了党的二十大精神往职工心里走。持续开展“中国梦·劳动美”主题活动，乒乓球和羽毛球混合团体赛、摄影比赛、篮球对抗赛、职工好声音和“最美家庭·最美母亲”评选等品牌活动，参赛队伍及人数年年创新高。2023 年“五一”节前夕，由八位全国劳模领衔召开座谈会，参观了东方红农耕博物馆和智创空间，大家以不同方式致敬梦想，十多名劳模撰写了心得体会；利用“幸福 10 号”平台持续开展小微活动，突出党的二十大思想内涵，2023 年前五个月开展“端午包福粽”“视频秀”“星光音乐节”等特色活动 105 项，14 个文体协会开展了“在阅读经典中成长”等系列活动，确保思想政治工作的基本方向。

（三）推出 EAP 职工帮助计划，强化心理关爱。企业处在转型关键阶段，职工的思想、观念、心理、行为发生了一系列的变化，工作压力、家庭收入、人际关系、个人危机感等给职工造成了严重的心理问题，传统的思想政治工作已经无法解决职工内心深处遇到的巨大困难，和谐企业建设面临巨大的挑战。在这种情况下，“幸福 10 号”心理咨询中心推出了东方红 EAP 职工帮助计划，旨在解决职工及家属的心理问题，涵盖了职工心理健康及情绪压力管理、灾难性事件心理危机干预、组织的人文关怀等各方面的内容。一是调查与分析，通过上千人的问卷调查、深度访谈、会议讨论和测评诊断，清楚准确了解职工心理关爱方面的需求。二是组织职工、工会干部和心理咨询师培训，提升大家心理管理和心理关爱的能力。三是做好环境设计与改善工作，主要是营造宣传氛围、改善硬环境、强化文化建设和构建软环境，80% 的单位完成了职工之家提升计划。四是对团队和个人进行数百人次的心理咨询，增强抗压能力，解决心理困扰难题，其中团队咨询反映的问题成为各级党群组织开展思想政治工作的基本依据。五是准确评估效果，消除诱发问题的来源。东方红 EAP 职工帮助计划极大地推动了思想政治工作的创新发展，受到职工普遍欢迎。

（四）聚焦急难愁盼现实问题，为职工办实事。“说千句话，不如办一件事。”这是职工评价企业传统思想政治工作时发自内心的一句话。“幸福 10 号”平台按照习近平总书记“一切以人民为中心”的要求，把急难愁盼问题策划设计为职工满意的服务项目，绝不让思想政治工作变成空话套话假话。一是策划实施帮扶关爱项目，按照国家相关政策要求，降低帮扶门槛，加大帮扶力度，三年来帮扶资金增加上百万元，关爱项目增加30%以上。二是策划职工成长成才项目，每年“岗位创新、岗位创效”项目15000余个，创效3000多万元；16个劳模创新工作室和创客空间，每年劳模工匠带徒近300人；技术比武90多个项目，参加职工6000余人次；“网上练兵”“网上双创”解决了学习短板，延伸了学习效果，两个学习平台每年职工参加220万人次。三是策划实施提升职工生活品质项目，通过线上线下互动，打造了“幸福10号”团购平台、单身职工婚恋交友平台、职工子女托管平台、老年大学学习平台、点亮职工微心愿平台、网上直播和公开课平台。新冠疫情期间，“幸福10号”平台推出为在岗加班职工送餐项目，前后服务职工20余万人次。思想政治工作通过“幸福10号”平台落地生根，职工对工会的满意度达到98%以上。

四、工作启示

（一）创新开展思想政治工作，必须紧密联系职工群众。企业思想政治工作不是闭门造车，也不是自说自话，必须打开门来，认真仔细倾听职工心声、了解群众心意，以职工群众为师，向职工群众请教。“幸福10号”平台是服务职工的重要载体，满足职工需求是平台的出发点和落脚点。随着思想政治工作成效的持续深入，中国一拖工会的“职工视角”更具审时度势性，“职工内心”也更聚进取之力。

（二）创新开展思想政治工作，必须及时发现各种问题。思想政治工作的核心是解决职工的思想及现实问题，如果不能发现职工急难愁盼的问题，思想政治工作就会落入假大空的套路中，职工就会不听不信。“幸福 10 号”平台策划的各种服务项目，都是根据职工的实际困难设计实施的，问题导向是创新思想政治工作的前提条件。

（三）创新开展思想政治工作，必须理论与实践相结合。思想政治工作的成果最终要体现在企业的经营发展上，体现在职工积极性、主动性的调动上，就是要让“思想成果”行动化。当思想政治工作的成效与企业运营管理有机融合时，在内部降本增效、工作标准提升、经营业绩改善等方面的实践成果也不断凸显。因此，思想政治工作必须从企业实际出发，务求实效。

（四）创新开展思想政治工作，必须适应新形势新任务。“幸福 10 号”平台是适应数字化、信息化和智能化发展变化而诞生的，它摒弃传统的我说你听、我打你通的思想政治工作套路，注重双向交流，注重普惠服务，注重心理建设，注重站在普通职工的角度看待并解决面临的矛盾和问题。利用“幸福 10 号”平台创新思想政治工作，突破了长期以来困扰党群部门的瓶颈，统一了职工的思想，推动了企业的发展。

顺丰集团：

着力打造思想政治引领新路径
引导非公快递职工听党话、跟党走

扫一扫，观看案例视频

一、基本情况

习近平总书记强调指出："引导职工群众听党话、跟党走，巩固党执政的阶级基础和群众基础，是工会组织的政治责任。"作为新业态非公快递企业工会，顺丰工会深感肩负起这份政治责任的重大，围绕工会中心任务，在办实事中贯穿思想教育，引导职工群众听党话、跟党走，做美好生活的创造者和守护者。

顺丰集团工会于2007年在深圳成立。为贯彻习近平总书记重要指示批示精神和党中央决策部署，落实全国总工会开展"新就业形态劳动者入会集中行动"要求，最大限度地把快递员等群体吸纳到工会组织中来，顺丰积极在全网建立工会，通过多种方式开展工会会员纳新工作。成立至今，顺丰集团工会

已拥有59万名会员，动态入会率约86%。

在积极吸引职工入会的同时，顺丰集团工会与集团党委等紧密合作，通过思想教育、主题活动等助推职工深入学习习近平新时代中国特色社会主义思想和党的二十大精神。

二、准确命名

着力打造思想政治引领新路径 引导非公快递职工听党话、跟党走

三、主要做法

为贯彻落实习近平新时代中国特色社会主义思想和党的二十大精神，顺丰工会围绕中心任务，主要从以下几大方面做好职工的思想政治工作。

（一）注重固本铸魂，打牢职工群众听党话、跟党走的思想基础，以党建带工建。快递职工多数是“80后”“90后”的年轻人，思想观念、价值追求多样多元，做好对他们的思想政治引领工作，必须从点点滴滴的引导入手。一是引导职工群众牢记习近平总书记的关怀。近年来，习近平总书记对关爱快递职工做过多次重要指示批示，特别是2019年春节前夕习近平总书记到顺丰北京石头胡同营业站看望快递员时，称赞快递员是勤劳的“小蜜蜂”，更是让广大快递员倍受鼓舞。顺丰集团工会抓住这些有利契机，组织开展“牢记习近平总书记关怀，争做美好生活创造者、守护者”大讨论，向广大快递员发出

了“争做美好生活的创造者和守护者”等六个方面的倡议。二是引导快递职工牢记党的恩情。组织和策划开展了“庆建党百年，做服务先锋”主题系列活动。邀请深圳市委党校教授王连喜来授课，开展党史学习教育专题讲座，并在网上滚动播出。组织1200人参与“学党史，走好新时代长征路”微信捐步活动。三是引导广大职工积极践行社会主义核心价值观。以“爱国、诚信、奋斗、向善、尚美”为主题举办了三届职工网络艺术节。2021年12月21日，邀请救火英雄张裕、抗疫英雄汪勇等先进代表人物做客传承顺丰精神直播间，坚持用先进模范事迹引导职工自觉践行和弘扬劳模精神、劳动精神、工匠精神。2022年先后组织技能比武600余场，劳动竞赛50场。“五一”前后，邀请各级劳模开展网络线上巡讲直播活动，吸引6万余名职工观看。在党的二十大召开期间，顺丰集团工会组织广大职工观看党的二十大开幕式、学习习近平总书记重要讲话精神，线上开展二十大知识竞赛，呼吁职工广泛参与，进一步学习和领悟党的二十大精神。

（二）注重建设线上线下相融合的工作网络，努力把思想政治引领工作落到实处。针对多数快递职工分散的实际，顺丰集团工会建设了微信公众号和一支2.1万名的工会代表队伍，织成严密的线上线下相融合的思想工作“网络”，实打实地做好思想政治引领工作。一是让互联网成为开展思想政治引领工作的得力帮手。“顺丰工会大家庭”微信公众号目前已有粉丝73万人，通过开展职工问卷调查及时了解快递职工的所思所想所盼。搭建起“工会热线、工会官微、工会代表、走访谈心、直通车调研”五大职工沟通平台，为广大职工提供全年无休的困难帮扶、心理疏导等服务。二是让工会代表成为开展思想政治引领工作的得力骨干。针对非公快递企业分散性、流动性强的特点，探索建立起一支由 2.1 万名工会代表组成的工会志愿者队伍。这支队伍中党员、退伍军人、优秀业务骨干是主体，他们每月都与所服务的工作对象进行一次谈心，代表工会无偿为广大职工开展服务，倾听基层职工声音。2022 年工会代表累计开展爱心服务 300 余万次，截至目前发展工会会员 50 余万人。他们就像是树的“毛毛根”，把思想政治引领工作的触角延伸到了每个职工心坎上。

2.1 万名工会代表也是开展思想政治教育的好帮手。在国庆、党的二十大召开期间，他们绘制小绿板、在工作群内传达党的二十大精神；在学雷锋行动中，工会代表们纷纷积极主动参与无偿献血、捐赠物资、爱护环境等公益活动，以此发挥思想政治引领作用。通过这些工会代表，顺丰集团工会及时掌握职工的思想与学习情况，预先发现问题，提前预防问题，做到“未发先断”。

（三）注重把解决思想问题与实际问题结合起来，努力增强思想政治引领工作实效。顺丰集团工会坚持以职工需求为导向，扎实开展关心关爱工作，努力使思想政治引领工作有温度有实效。一是努力解决职工所急。快递职工大多是“80后”“90后”，正处在恋爱结婚年龄，找到称心如意的对象并结婚成家是他们之所急。顺丰集团工会连续多年组织职工开展牵手活动，每年平均开展115场，5000余人参加，达成25%牵手率。二是努力实现职工所盼。重大节日和“双十一”等重要时间节点，开展形式多样的慰问活动，2022年为2万余名员工送上帮扶慰问达1600万元，为2900余人送上新春礼包；2022年春节，精心策划了工会陪你过大年系列活动，7个主题活动吸引73万人次观看。三是努力满足职工所需。顺丰集团工会从2016年开始“会、站、家”一体化建设试点。目前建设职工之家800余个，图书角317个、文化墙800余处、母婴室37间、心理解压室26间。四是打造“顺丰送你上大学”素质教育提升项目，为一万多名员工提供学历补贴及学习资源，还参与深圳市总工会“圆梦计划”，已有600余人报名成功。

顺丰集团工会成立至今，通过多种方式开展工会会员纳新工作，吸引了58万名员工入会，为思想政治教育工作扩大范围。同时通过开展思想教育、知识竞赛、学雷锋行动等活动，发挥了2.1万名工会代表的先锋模范作用，推树优秀职工和集体荣获各级五一劳动奖、工人先锋号等荣誉1000余项。

近年来，顺丰集团职工对工会的满意度评价为83分、85分、88分、92分。顺丰集团工会获得了“全国模范职工之家”“全国双爱双评先进企业工会”等荣誉称号，顺丰工会官方微信公众号获中央网信办、全国总工会授予的“互联网+工会普惠服务企业十佳平台”荣誉称号。

四、工作启示

加强思想政治工作，是工会组织义不容辞的责任。为此，需要进一步完善工会组织设置，扩大组织覆盖，加强班子建设，提高队伍素质，改进工作方式，强化组织功能。一是坚持加强思想建设，确保工会组织建设正确的政治方向，与集团党委继续保持紧密合作，形成经常性的情况沟通和信息交流机制。二是坚持加强组织建设，扩大工会组织的覆盖面和影响力，通过线上、线下多种方式吸引更多职工入会。三是坚持加强领导班子和队伍建设，切实增强工会组织的凝聚力和战斗力，发挥好工会工作者的组织和协调作用。四是坚持加强作风建设，充分发挥工会组织密切联系群众的优势，从职工群众最关心、最直接、最现实的利益出发，用心用情解决职工群众急难愁盼问题。

京东集团：

聚焦办实事解难题开展“捂心”专项 用心用情用力保障新业态劳动者权益

扫一扫，观看案例视频

一、基本情况

习近平总书记强调，“工会作为职工利益的代表者和维护者，要认真履行维权服务基本职责，着力解决关系职工群众切身利益的实际问题，重视维护新就业形态劳动者的合法权益”“把解决思想问题同解决实际问题结合起来，既讲道理，又办实事，多做得人心、暖人心、稳人心的工作”。

京东工会认真学习贯彻落实习近平总书记重要讲话精神和各级工会工作部署，把维护快递员等新业态劳动者权益保障工作放在首要位置，用心用情用力做好新业态职工的关怀保障工作。多年来，始终注重快递员等新业态劳动者薪酬福利保障，与包括快递员在内的全体职工直接签订劳动合同，坚持为一线员工缴纳“五险一金”和商业保险，并提供有行业竞争力的薪酬福利保障。此外，还提供安居计划、“我在京东过大年”等30多项福利关怀项目，并为新业态劳动者等全体职工规划了明确的成长发展路径，在技能培训、学历提升、岗位晋升等方面加大投入，搭建多元化成长发展渠道。在此过程中，京东工会高度重视快递员等新业态劳动者的诉求表达和问题解决。在解决职工问题诉求时我们发现，随着业务发展和职工人数增加，职工反映的一些问题往往涉及多个部门，解决问题的周期和员工满意度达不到预期效果。集团工会针对这一问题，以“深入了解诉求、解决实际问题、提高员工满意度”为工作思路和目标，跨体系、分层次成立“捂心”专项小组，用心倾听新业态劳动者心声，汇总分析反馈问题和实际困难，通过成立问题改善小组集中力量攻坚克难，推动困难问题短期解决、长效改善。“捂心”一词旨在通过工会行动，以务实举措把新业态劳动者的心捂热、凝聚到一起，让大家切实感受到工会“娘家人”的温暖和贴心，听党话、跟党走，立足岗位为企业发展和强国目标多作贡献。

二、准确命名

聚焦办实事解难题开展“捂心”专项 用心用情用力保障新业态劳动者权益

三、主要做法

（一）畅通诉求表达渠道，汇总分析职工所思所想所盼。解决问题首先要摸清存在哪些问题。为此，集团工会多渠道、全方位收集员工诉求：一是汇总分析现有渠道反馈的问题线索。集团工会统筹已有的400工会热线、京东集团工会组织号、员工论坛、400员工咨询热线、大耳朵投诉热线以及物流服务台等渠道，对历来反馈的问题做梳理分类，发现快递员等物流一线职工关注和反馈的问题集中在工服、耗材发放等方面。二是定向收集问题解决建议意见。通过京东动态、邮件等向涉及问题的职工定向征集意见建议。以工服问题为例，向快递员、分拣员工等发放问卷，收回有效问卷11726件（份），职工提出增加上衣口袋、优化工服尺码、增强舒适度、提高发放效率等合理建议。

（二）牵头组建专项项目组，工会统筹督导问题解决。集团工会分别和涉及这些问题的责任部门逐一沟通，按照问题分类成立专项改善小组，制定整改方案、限期整改，并以月度为周期汇报进展情况。以一线职工工服为例，从2021年12月启动内部调研开始，到与同行业对比、收集改善方案建议，再到样衣试穿测试、制定工服技术标准、验收标准、管理发放制度，11个部门参与全流程体验改善。

（三）总结复盘形成长效机制，持续推动问题改善解决。为加强协同，提升“捂心”专项各改善小组工作效率，形成“周期性汇总分析职工心声诉求—定向调研意见建议—定岗定人成立改善组—定方案限期改善—复盘总结持续优化”机制。在此过程中，我们把新业态劳动者作为“出卷人、阅卷人”，工会和企业相关部门做“答卷人”，始终以新业态职工的“困难诉求有没有满足、实际问题有没有解决”作为工作目标和标准。

形成机制后，专项组持续跟进一线职工诉求和问题反馈。在“捂心”专项取得阶段性成效的基础上，集团工会推动业务部门机制化分析解决职工反馈的问题及诉求，建立长期监控机制，持续推动员工问题改善。

京东集团工会“捂心”专项开展以来，京东物流新业态职工满意度显著提升，截至2023年6月，员工整体投诉量下降66.5%。其中，工服改善小组通过问卷调研并结合外部对标，重新对工服材质、管理流程等做了优化，得到业务管理层及一线员工的认可，问题反映整体下降60.8%；耗材治理小组通过多部门联动，逐步实现了耗材的规范申领和高效使用，问题反映整体下降91.7%；判责小组拉通协同各部门梳理任务144项，问题反映整体下降85%；考勤体验改善小组在研发等相关部门协同下，对一线不同考勤模式进行优化；员工考勤体验评分由8.0分提升至8.9分，问题反映整体下降79.9%。

一份汗水两份收获。京东工会“捂心”专项的开展，不仅让新业态劳动者的实际问题得到改善和解决，并且对企业内部管理改善起到了推动作用。京东相关研发部门表示，这项工作改变了他们的工作习惯，在以后工作中他们要更加注重听取用户声音。物流人力资源部表示，“捂心”专项的实施，切实改变了员工投诉居高不下、员工满意度低的现状，帮助他们搭建了机制、找到了办法。

四、工作启示

工会工作要做到实处、做到职工心坎里，就要推动解决职工最关心的问题；民营企业工会要在企业更有位置，就要发挥工会价值，以实际作为促进企业发展，“有为争有位”。“捂心”专项取得实在成效同时，也为后续工作带来一些启示。

（一）非公企业工会开展工作要“提高站位找准定位”。“捂心”专项是由工会牵头发起，但工作落实靠企业各部门的齐心协力高效协同。在这个过程中，集团工会认真学习习近平总书记关于工人阶级和工会工作的重要论述，深入贯彻落实全国总工会等各级工会对新业态劳动者权益保障系列部署，从新思想和上级部署中找依据、寻方法，向企业及时传达习近平总书记重要讲话和工会部署，不仅工会本身的站位得到提高，企业对做好新业态劳动者关怀工作的认识和意愿更加强烈。在具体落实过程中，虽然京东各部门权责清晰、职责明确，但存在职工反馈问题涉及部门多、相互不隶属的情况。面对这一现状，京东集团工会做了大量沟通访谈，认真思考分析工会在企业的定位，把自己定位为“牵头人、参谋部、督战队”，而非具体事务部门。通过提高站位、找准定位推动项目实施取得成效。

（二）非公企业工会做好工作要“创造价值服务有感”。京东集团从成立之初，始终牢记、认真履行“促进企业发展 维护职工权益”职责。在日常工作中，职工有困难用心用情与企业协商解决，企业有需要工会用力帮助推动，充分发挥了工会的黏合剂、助推器作用，为企业创造了价值、为职工解决了困难，得到了企业认可、职工信赖，形成了和谐正向循环。正是在这一前提下，京东工会才能推动“捂心”专项等工作有效实施。

山东德百集团：

强化党工共建　打造“红色商校”
凝聚广大职工干事创业合力

扫一扫，观看案例视频

一、基本情况

“职工思想‘红’，企业发展‘稳’。”这是德百集团40年来持之以恒“坚持党建带工建，抓好思政促发展”的成功经验总结。

商场就是战场。建店40年以来，德百经历了“计划经济向市场经济转轨”“本土商场惨烈竞争”“外来商企争夺市场”“网购冲击线下实体”等危机与挑战。在暗流涌动的市场浪潮中，德百不仅没有被打败，反而愈战愈勇，由员工342名、党员10多名、单店经营，发展到从业人员3.5万名、党员500多名、多元经营、年缴税近3亿元的现代化企业，连续40年“无人员上访、无职工下岗”，获“全国五一劳动奖状”“全国模范职工之家”“全国商业十佳企业”“全国政研会工作优秀单位”“山东省先进基层党组织”“山东省十佳职工信赖的职工之家”等荣誉称号，稳居全国零售百强。德百成功的“秘籍”，就在于40年来坚持“加强党建引领群团组织建设，加强思想引领职工队伍建设”，坚持“把商场办成红色商校，党建引领造就人人成才，思政引领成就队伍稳定，诚信引领铸就企业辉煌”的理念，让“红色基因”“红色文化”“红色思想”代代相传，凝聚起干事创业的强大合力。

二、准确命名

强化党工共建　打造“红色商校”　凝聚广大职工干事创业合力

三、主要做法

（一）坚持党建 + 经营管理，守住“红色商校”初心。德百坚持党建与经营融合发展，把“红色商校”的“触角”延伸至经营管理每个环节、各个领域。

在项目建设上，坚持“先插红旗占阵地”。每建一个新网点、每发展一个新领域，坚持做到党群组织设置与项目建设、经营管理同步规划同步实施。以政工机构网络化、政工队伍知识化、思政工作制度化“三化”为目标，通过集中学习、专题培训、对口交流等形式，努力培养有理论修养、有专业水准、有人格魅力、有工作能力“四有”综合人才队伍，为有效开展党群工作奠定基础、提供条件。

在阵地建设上，强化“党建+”模式。主动将党建有机融入经营、服务、管理各个环节，为企业发展建设助力。特别是近几年，企业经营面临诸多困难，集团党委及时开展“解难题·促发展”活动，广大党员职工提出“挖潜增效”“管理升级”“岗位实操”等建议300多条、技术革新项目7个，产生直接效益过千万元。同时，建立起“百万级融媒体矩阵”，将《德百人报》《德百内刊》传统纸媒与公众号、视频号以及头条、抖音等新媒体融合，将党的声音、工会信息和企业动态及时传到最基层，增强了职工战胜困难的信心，营造了企业发展良好氛围。

在青年人教育上，突出“引导+疏导+激励”。针对企业青年多、女职工多的实际情况，集团坚持党建带群建，充分发挥基层支部、工会、共青团的作用，创新开展“引导+疏导+激励”的思政工作方式，效果十分明显。比如，集团工会每双月都举办“宴请功勋职工”活动，邀请集团领导与青年职工同坐一桌，倾听青年人心声、表彰表扬青年人作出的突出贡献，极大增强了职工以企为家的责任感和幸福感。

坚持企业党建与经营业务“双向融入”，党组织已成为企业发展的主心骨，党员已成为企业发展壮大的骨干力量。

（二）坚持党建+思政工作，守牢“红色商校”根基。德百把思政工作作为“红色商校”重要内容，通过技能实训、岗位练兵、师徒结对等措施，为企业发展提供人才智力支持。

实施“人才强企”战略。加强革命传统、职业道德、业务技能、清廉从业“四项”教育。每年用于职工教育培训的费用都在百万元以上。在威海等地建立培训基地3处，已开展数万人次的职工素质提升培训，年培训率达96%以上；定期选派管理人员到日本、韩国等地进行商务考察；选派职工到清华、浙大、天津商业大学等高校进修深造；与德州学院、德职学院开展联合办学，全面提升职工队伍素质。

开展“四德”主题活动。坚持将职业道德、社会公德、家庭美德、个人品德的教育放在突出位置。一方面，注重加强红色教育，先后组织党员职工赴西柏坡、延安等地学习考察，加强革命传统教育和理想信念教育；另一方面，每年组织党员职工到党性教育基地接受廉政警示教育。积极开展“争当品牌服务明星”“优质服务巡回演讲”等活动，加强职业精神教育。

注重典型带动作用。创造性开展了“劳模工作室联创”“名师带高徒”“青年课题组”等多种活动，将“导师制”“管培生”育才体系引入师带徒之中，实现了师带徒范围从“技能型工匠手艺传承”到“管理型人才重点培养”的延伸，培养出了一批以“90后”为主体的“基层管理后备军”，培育出了以“全国劳模”杨秀娟的巧手焊接、“全国五一劳动奖章”张玉平的速开密码锁为代表的各具特色的服务品牌近百项。

（三）坚持党建+企业文化，守正“红色商校”底色。德百坚持把培育健康向上、积极进取的企业文化作为“红色商校”的突出特色。

发挥党员“一面旗”作用。积极倡树“争创一流、无私奉献”的价值理念，在党员队伍中形成了爱岗敬业、拼搏进取、无私奉献、勤俭节约的优良传统。全面实施“党员示范岗”“党员挂牌服务”，党员带头吃苦奉献，每到重大活动、装修改造，党员干部总是有苦冲在前、有事干在前。

发挥劳模“带头人”作用。大力弘扬劳模精神、劳动精神、工匠精神，充分发挥劳动模范的示范带头作用。成立“劳模工作室”，组建“青年志愿服务先锋队”，每年定期开展下乡村、进社区服务活动100余场次。员工服务意识、奉献意识不断增强。在新冠肺炎疫情防控期间，“六天六夜援建防疫医疗观察所”“顶风冒雪送货上门”等感人事迹比比皆是，优秀青年李国锋、刘红翠被批准“火线入党”，集团荣获“中国商业企业社会责任典范奖”。

四、工作启示

（一）抓好党建就能提高企业“生产力”。德百的快速健康发展充分证明：抓党建就是抓“聚魂”，就是抓凝聚力、生产力、竞争力；党建强，则企业强；思想硬，则队伍硬。德百集团40年来持续推进党建与企业经营管理双向融合，成为战胜困难、克服“成长烦恼”的“法宝”，锻造了“核心竞争力”。党建抓得好，人心齐、力量就大，就能产生正效应，带来好效益。非公企业党建是基层党建重要组成部分，是新时代企业推动思想再解放、改革再深入、工作再抓实的内在要求和必然选择。当前，以实现高质量发展为主题的新时代背景下，抓实抓强抓细党建工作，发挥党组织战斗堡垒作用和党员先锋带头作用，团结带领广大职工奋发有为，引领企业不断走向高质量发展，已经成为克服困难、实现可持续发展的重要动力源泉。

（二）抓好思政就能增强企业“凝聚力”。职工是企业的“细胞”，是企业发展的基础，建设一支思想有定力、行动有合力、干事有拼力的职工队伍，是企业发展壮大的必备要件。在新时代，做好职工思想政治工作依然具有强大而旺盛的生命力。非公企业党组织应当自觉地发挥好党在思想政治工作上的优良传统，发挥好工会、共青团等群团组织的“桥梁”“纽带”作用，真正把企业打造成为温暖温情的党群之家、职工之家，更多感受组织体贴、集体温暖，让职工有更多获得感、安全感、归宿感，激发职工内生动力，带领广大职工听党话、跟党走，干事业、创佳绩。

（三）抓好文化就能够强化企业“软实力”。企业文化看似无形，其实充盈企业角角落落，是企业发展“软实力”所在。培育企业文化的根本，就在于培育企业的“核心价值观”，目的就是以文化人、以人育文、以人兴企，不断增强企业向前发展的凝聚力、向心力、执行力。德百培育的“把商场办成红色商校，党建引领造就人人成才，思想引领成就队伍稳定，诚信引领铸就企业辉煌”的理念，推动形成了“以人为本、诚信至上、无私奉献、追求一流”的企业价值观，让企业、党组织、党员、职工找准了“同心圆”、找到了“最大公约数”、实现了“心灵共振”，也就形成了上下拧成一股绳、同唱一首歌、共创新业绩、共享新辉煌的“利益共同体”。

后　记

为贯彻落实王东明同志和全国总工会党组、书记处领导同志对创新职工思想政治工作的批示精神，全国总工会宣传教育部组织开展全国职工思想政治引领创新案例征集展示活动，动员各级工会推荐报送典型案例，充分展示近年来加强和改进职工思想政治引领取得的创新成果，发挥典型案例示范带动作用，加强经验交流，促进学习互鉴，推动中国工会十八大精神深入基层、深入一线，团结引导广大职工立足本职、建功立业，为强国建设、民族复兴贡献力量。

本书由全国总工会宣传教育部部长张晓辉主持，雷江平、刘小琴、杨海林负责案例征集、审核等工作，宣传理论处李奉明、巩彦博同志参与了本书的审稿工作。希望通过本书的出版，能够为全国各级工会组织和企事业单位提供有益的参考和借鉴，共同推动职工思想政治引领工作的创新发展，唱响“咱们工人有力量”的时代强音。

最后，感谢所有参与这本书的编撰人员，也感谢所有读者的关注与支持，让我们共同努力，建设一支具有高度政治觉悟、良好思想品质、精湛业务技能和严谨工作作风的职工队伍，为实现中华民族伟大复兴的中国梦贡献力量！

编 者

2024年1月